モデルが始めている

10日間で
脚からキレイにやせる
「美脚トレ」

「hip joint」代表
渡部龍哉

宝島社

モデルが始めている究極の美脚メソッドとは？

この本は、**脚を太くしてしまう日常生活のクセや姿勢のクセをリセット**し、キレイな姿勢からキレイな脚のラインを手に入れる本です。脚を細くするには、正しい姿勢と重心の位置が必要不可欠です。悪い姿勢は、重心が正しい位置からズレてしまい、脚に負担がかかり、脚を太くさせてしまいます。その状態で歩いたり、立ったり座ったり、日常生活を送るだけで、脚を太くするエクササイズをしているのと同じ状態となります。

私が代表を務める、ヒップアップ専門パーソナルトレーニングスタジオ「hip joint」に通うモデルたちはもちろん、一般の人たちも皆、ヒップアップするよりもまず先に脚が細くなり、美しいラインになるのを実感しています。それは正しい姿勢が身につき重心が整ったから。早い人では10日もたたないうちにパンツのサイズが変わり、誰の目から見ても明らかに細くなったバランスの良い脚を手に入れています。

《脚の長さは変えられないが、脚を長く見せることができる》

それはヒップがキュッと上がったからです。そんな夢のような

NABETATSU
METHOD
FOR
BEAUTIFUL
LEGS

美脚とヒップを生み出す3エクササイズのポイントは…

1　足裏の筋肉がしっかり使えるようにほぐしたり、トレーニングしたりすることによって正しい重心で立てる土台を作る

2　股関節を動かし、骨盤を正しい位置にリセットする

3　キレイな姿勢をキープするために、股関節を鍛える

3エクササイズを続けるだけで、日常生活を送るだけで**脚が細くなる身体の使い方**をマスターしていきます。脚だけでなく、お腹はほっそり、ヒップはキュッと上がる。この究極のメソッドは一生あなたの身体を美しくしてくれます。

毎日3エクササイズだけで
脚からみるみるやせていく

「あなたの重心の位置は？」と聞かれても、ほとんどの人がわからないのではないでしょうか。

重心のアンバランスと姿勢の悪さは、身体のクセとして染みついているので、意識ができている人はほんの少数です。でも、その少数の人たちは共通して脚が細く、まっすぐなラインの持ち主。

このエクササイズでは、自分の身体の重心がわかるようになり、正しい位置に戻すことが自分でできるようになるのが目的です。重心の位置を正しくリセットできることで、必要最小限の筋肉で良い姿勢を保持したり動作をしたりすることが可能になり、無駄な筋肉の張りがそぎ落とされます。さらに脚のラインがキレイになるため、立ち姿が美しくなるのです。エクササイズを通してこの感覚を身につければ、**エクササイズを毎日やらなくてもリバウンド知らずの身体になります**。

また日常生活の動作そのものがエクササイズとなるため、脚からやせて、キレイなボディラインが手に入ります。

＼ 脚からキレイにやせるには… ／

3エクササイズを毎日好きな時間に行うだけ

1.

脚を細くする土台を整える

⇩

2.

お尻と脚のラインをくっきり

⇩

3.

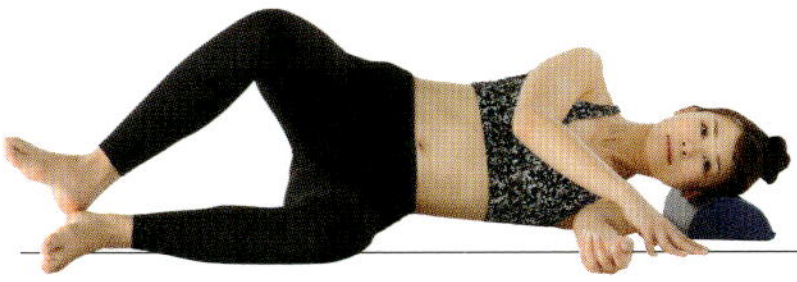

細くてまっすぐな脚のラインを作る

が変わりました!

BEFORE

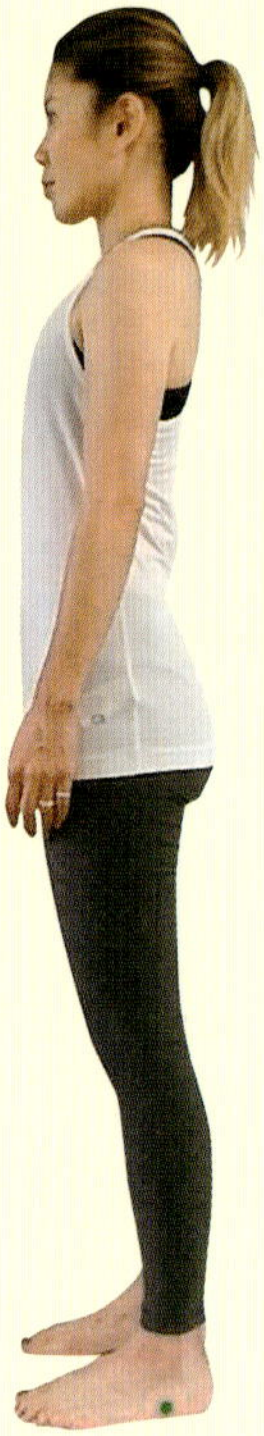

AFTER

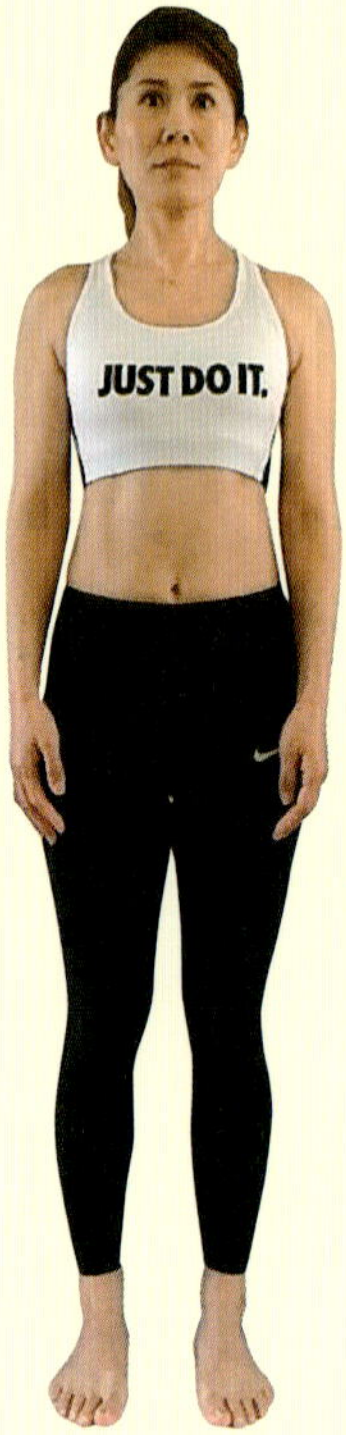

太もも
-0.9cm

BEFORE

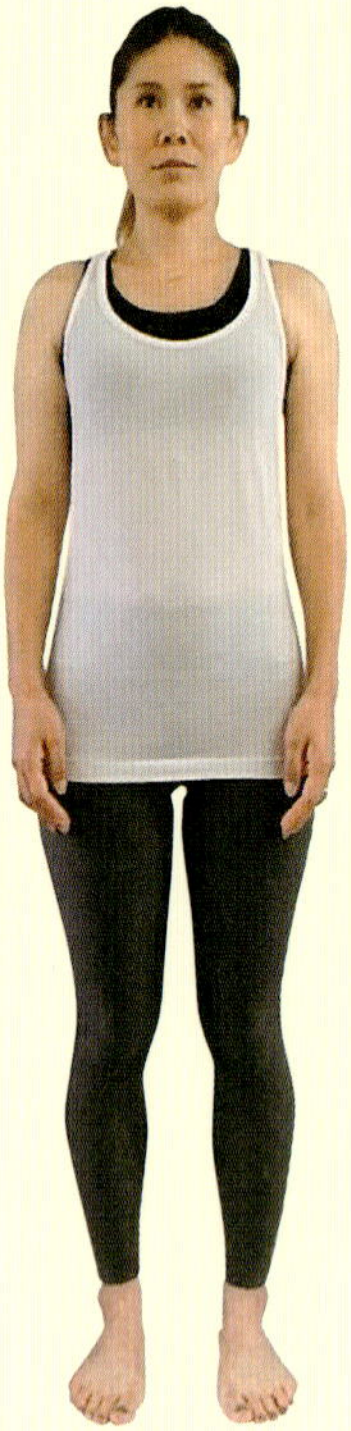

身長	163cm		
体重	52.3kg	→	51.6kg
ウエスト	65.1cm	→	64.2cm
ヒップ	87.5cm	→	88.2cm
太もも	51.0cm	→	50.1cm
ふくらはぎ	33.2cm	→	33.0cm

FILE_01

M.Sさん(40才)

**筋トレのしすぎで余計に
がっしりした下半身が
コンプレックスです**

スクワットなどの筋トレをしているうちに、太ももが外に張り出してきていることに気づきました。まっすぐキレイな脚のラインにしたいと思って「美脚トレ」を試してみました。

私、「美脚トレ」で体形

3エクササイズを
やってみて

「正しい重心の位置を確認できたことで、
脚の太くなる原因が理解できました！」

重心を感じながら丁寧にエクササイズをすることで、ずれていた体のいろいろな部分が元の状態に戻るような感覚でした。食事制限はしていませんが、自分の身体と向き合うことで自然と食べる量や質に気を遣うようになりました。

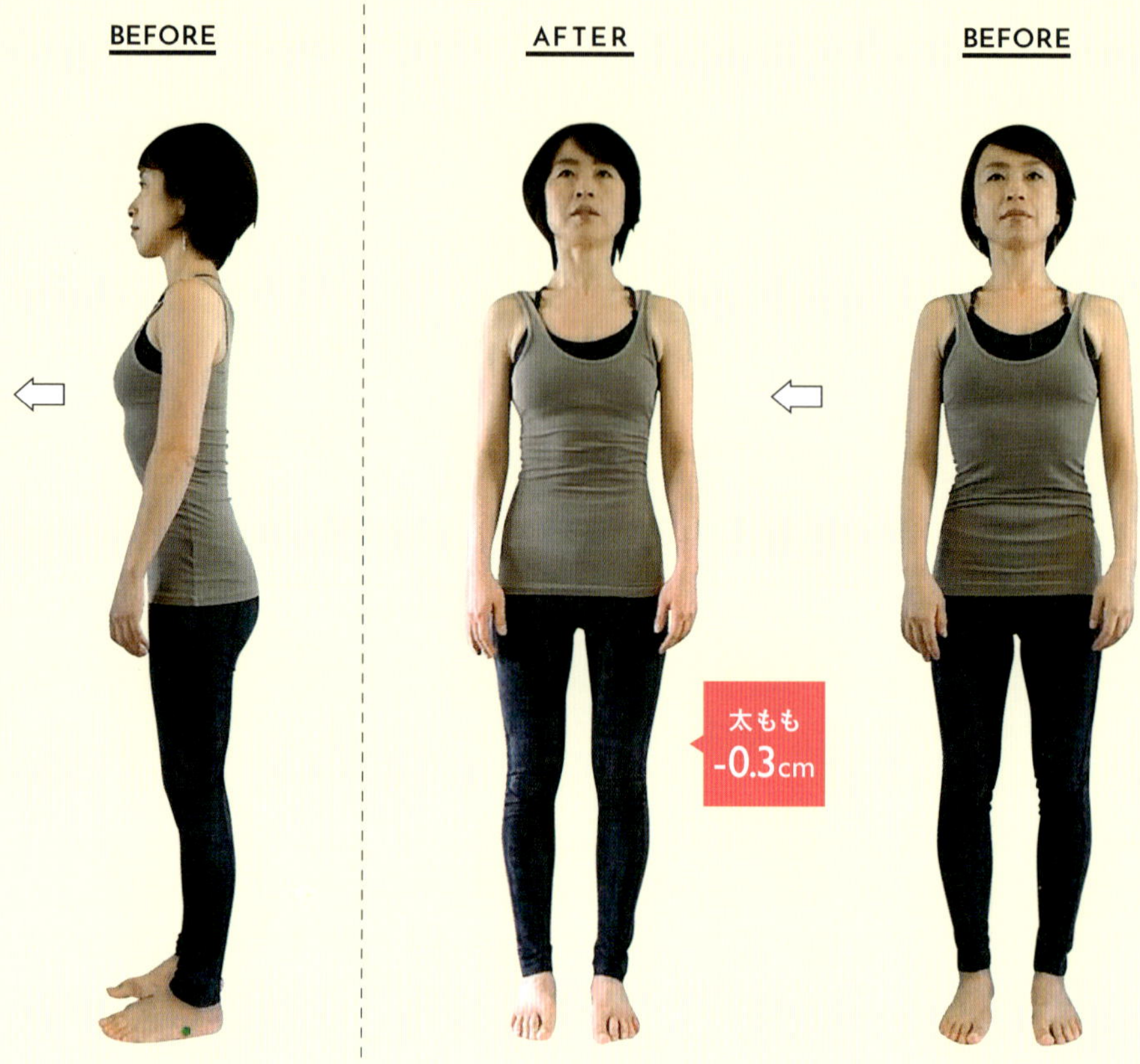

身長	156cm		
体重	46.8kg	→	46.4kg
ウエスト	63.5cm	→	62.3cm
ヒップ	86.3cm	→	86.7cm
太もも	47.3cm	→	47.0cm
ふくらはぎ	31.4cm	→	31.2cm

FILE_02

F.Eさん（43才）

上半身と下半身のバランスが悪く、膝から下の脚のラインを改善したい！

上半身に比べて下半身のがっしりとした感じが気になっています。年齢のせいにせず、キレイな全身のラインを手に入れるのが目標。食事では、タンパク質を積極的に摂るようにしています。

AFTER　　BEFORE　　AFTER

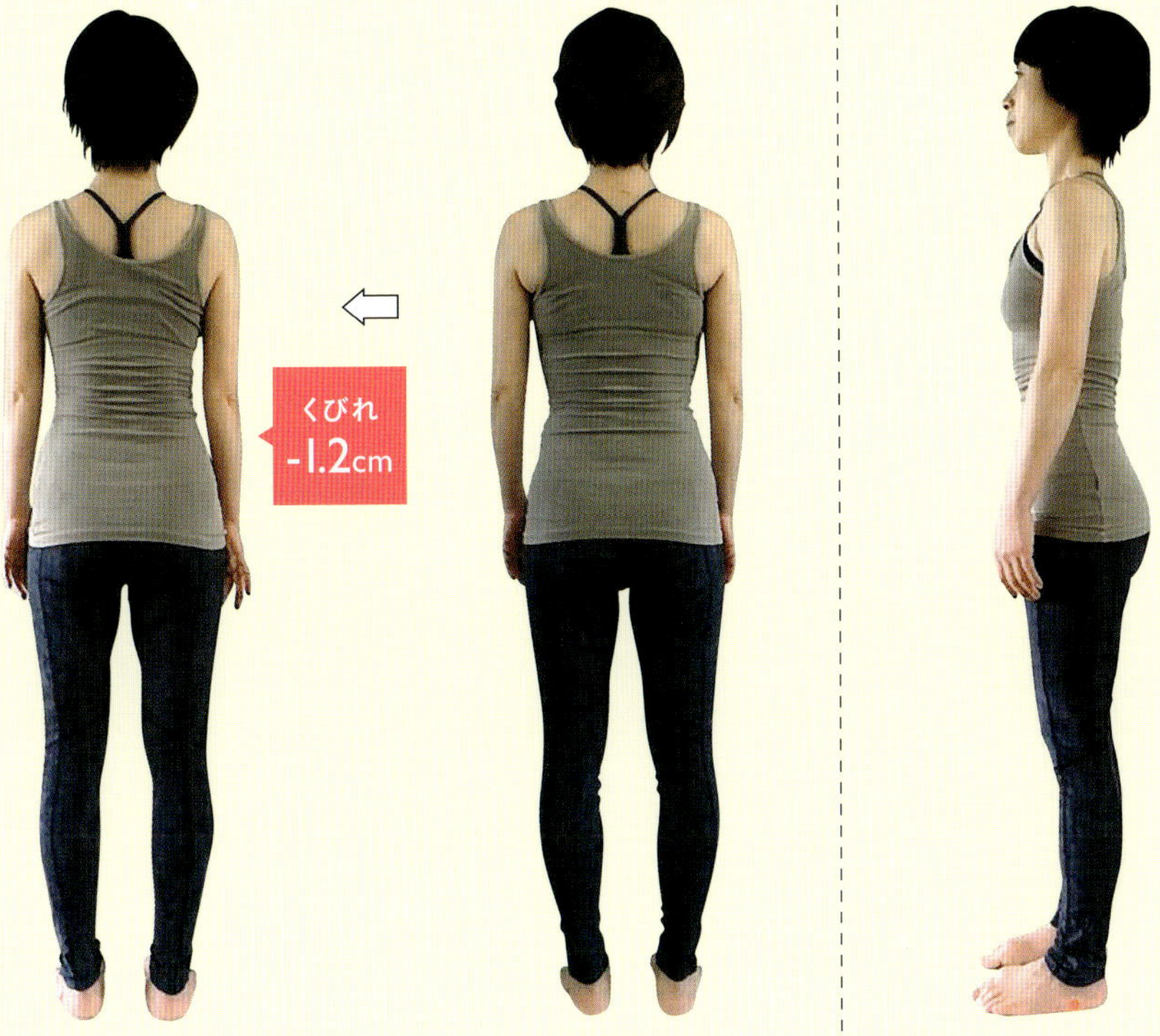

3エクササイズを
やってみて

「身体に意識を向け続けることで、
じわじわともっと変わりそうな予感！」

10日間体に意識を向けたことで、少しは繊細に自分の姿勢や重心を意識できたような気がします。立っているときの足裏の感覚、歩いているときのお尻が引き締まるような感覚を生活の中でも意識しました。このまま続けたいです。

モデルが始めている
10日間で脚からキレイにやせる「美脚トレ」

CONTENTS

Chapter 1

Chapter 2

Chapter 3

Chapter 4

本書に掲載しているストレッチ・コンディショニング・エクササイズを行う際、
体調が優れない方、持病がある方、妊娠中の方（またはその可能性がある方）は無理をせず行ってください。
気になる方は、医師と相談の上、行ってください。また、効果に関しては個人差があることをあらかじめご了承ください。
いかなる事故・クレームに対しても、弊社および著者は一切の責任を負いかねます。

やせにくいと
諦めていた人にも
効果あり

Chapter 1

ナベタツ式
「美脚トレ」が
誰でも全身に効く理由

どうして「姿勢」と「重心」が大事なのか？
エクササイズを実践する前に
知っておけば、
より一層やる気と身体への効き方が
変わります！

まずは自分のことを見直そう

毎日している〝脚を太くする〟習慣とは？

あなたの今の脚は、日常生活の姿勢、習慣やクセによって作り上げられたもの。左ページのリストで、まずは自分の日常的なクセをチェックしてみましょう。

1日中デスクワークをしたり、ハイヒールを履いたりなどは、それ自体が脚を太くするわけではありません。これらの動作を、どういう姿勢で行っているかがポイント。重心が前にいっている人がハイヒールを履くと、倒れないように太ももで踏ん張りながら立っています。その姿勢をキープしていると、ずっと太ももの前側を鍛えるトレーニングをしているのと同じ。つまり、太ももが張った、がっしりとした脚になってしまいます。

脚からキレイにやせていくには、まずは自分の身体がどんな状態かを知ることが大事。どんな習慣やクセがあるのかを知り、修正していく。これがやせるための最初の一歩です。

2つ以上
あてはまると
要注意!

気づかないうちに
クセになって
いない?

Check Point

□ 1日のうちデスクワークなどで座ったままが多い

□背もたれに寄りかかって座ることが多い

□座るとすぐ脚を組む

□内股がクセになっている

□スマホを操作する時に目線が下がる

□産後の骨盤のゆがみが気になる

□どちらかの足に体重をのせた「休め姿勢」になる

□ハイヒールを履くと前のめりになってしまう

□階段を上ると、太ももの前側がキツくなることがある

□カバンを左右どちらかで持つクセがある

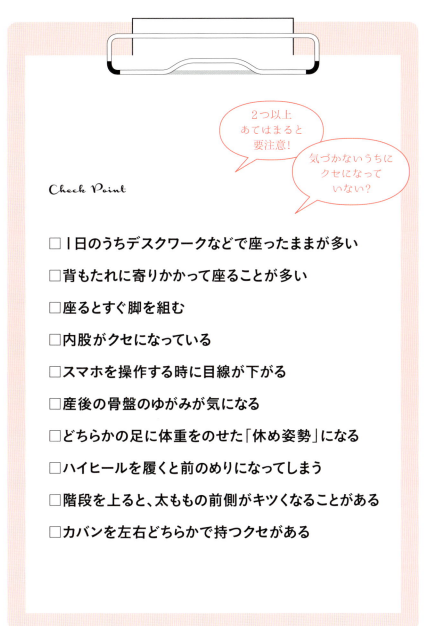

「やせたらキレイになる」の思考は今すぐストップ

モデルの脚はどうして細いのか？

モデルの脚がなぜキレイなのか、それはただやせているからでも、もともと恵まれた体形だからでもありません。ズバリ、彼女たちは**「常に他人から見られている意識」をしっかり持っている**からです。無意識とも言えるその美意識が、彼女たちの脚を長く、美しくキープさせているのです。ですからもしあなたが、「やせることさえできればキレイになれる」と思っているなら、今すぐその考えは捨ててください。ただやせるだけではあなたは美しくはなれません。逆に、今どんなに脚が太く、自信がなかったとしても「すでに私はキレイ」「私はキレイになれる」と思っていてください。そうすれば、エクササイズを頑張れば頑張るほど、おもしろいくらい効果が出るでしょう。これは、モデルに限ったことでなく、スタジオに来るお客様にも口をすっぱくして伝えているれっきとした事実です。

「私はキレイ」という意識を持つと、人から見られている意識が加わり、姿勢を意識するようになります。姿勢を良くしようという意識だけで、全身の筋肉が整います。さらに、エクササイズ中の身体の使い方が確実に変わってきます。つまり、結果の出方が圧倒的に早くなります。逆に、「どうせ私なんて…」と落ち込んでいたら、動きまでブスになります。人は落ち込むと背中が丸まりますから、その状態でエクササイズすると…結果はわかりますよね。

エクササイズをすることで「今よりさらにキレイになっちゃう」。そう思いながら自分を上げてやること。そして、エクササイズは鏡を見ながら行うこともポイントです。

電車の中で
キレイに見えるのはどっち？

脚が太くなるのは姿勢が問題！

知っておきたい、脚が太くなるワケ

「太ももを細くしたい…」「ふくらはぎのゴツさをどうにかしたい…」と思い、ランニングしたりジムでトレーニングを頑張ったりしているのに、目に見える変化が出ない!? という話を耳にすることがあります。「上半身は細いけれど、下半身が太いのは日本人に多い体形だから…」と、諦めないでください。その原因が姿勢と重心の崩れからきている可能性が高いからです。日本人で最も多いのが、前重心タイプです。このタイプは、姿勢を支えるために太ももの前側で踏ん張ります。また日常生活の動作も支えなくてはならないため、大活躍しすぎなのです。この姿勢や動きを1日中していると、太ももが太く張ってくるのは当然です。さらに、太ももの前側を使い続けている分、後ろ側はほとんど使われなくなります。そのため硬くなってしまい、お尻を下に引っ張り（垂れる）、のっぺりとしたお尻になってしまいます。

また、猫背になりやすいのも特徴です。

猫背になると骨盤が後ろに傾き、お尻が垂れて腰回りがたるみやすくなります。

実は、モデルに多い「隠れ下腹ぽっこり」の原因がこれです。そこで、自分の重心をチェックする方法を見てみましょう（P47）。

また、女性雑誌でもよく見る内股の人も重心が崩れている証拠。膝が内側に入ることで、ふくらはぎが外に張り出て太くなります。**どんなにエクササイズを頑張ったとしても、重心を直さない限り、望む効果は期待できないと心しておきましょう。**

つまり、それだけ姿勢と重心を意識することが大事だということなのです。

崩れた姿勢を続けているとどうなる？

内股になることで脚は太くなります。

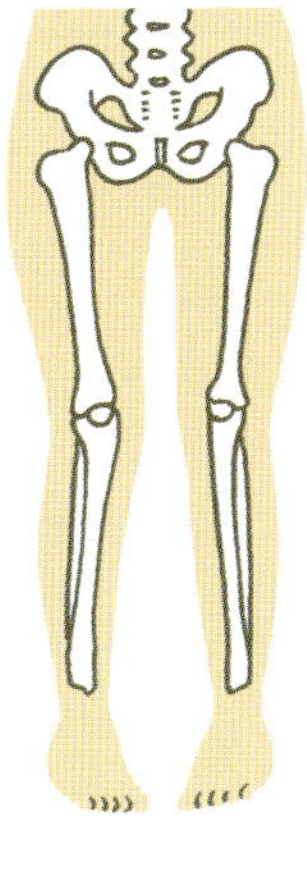

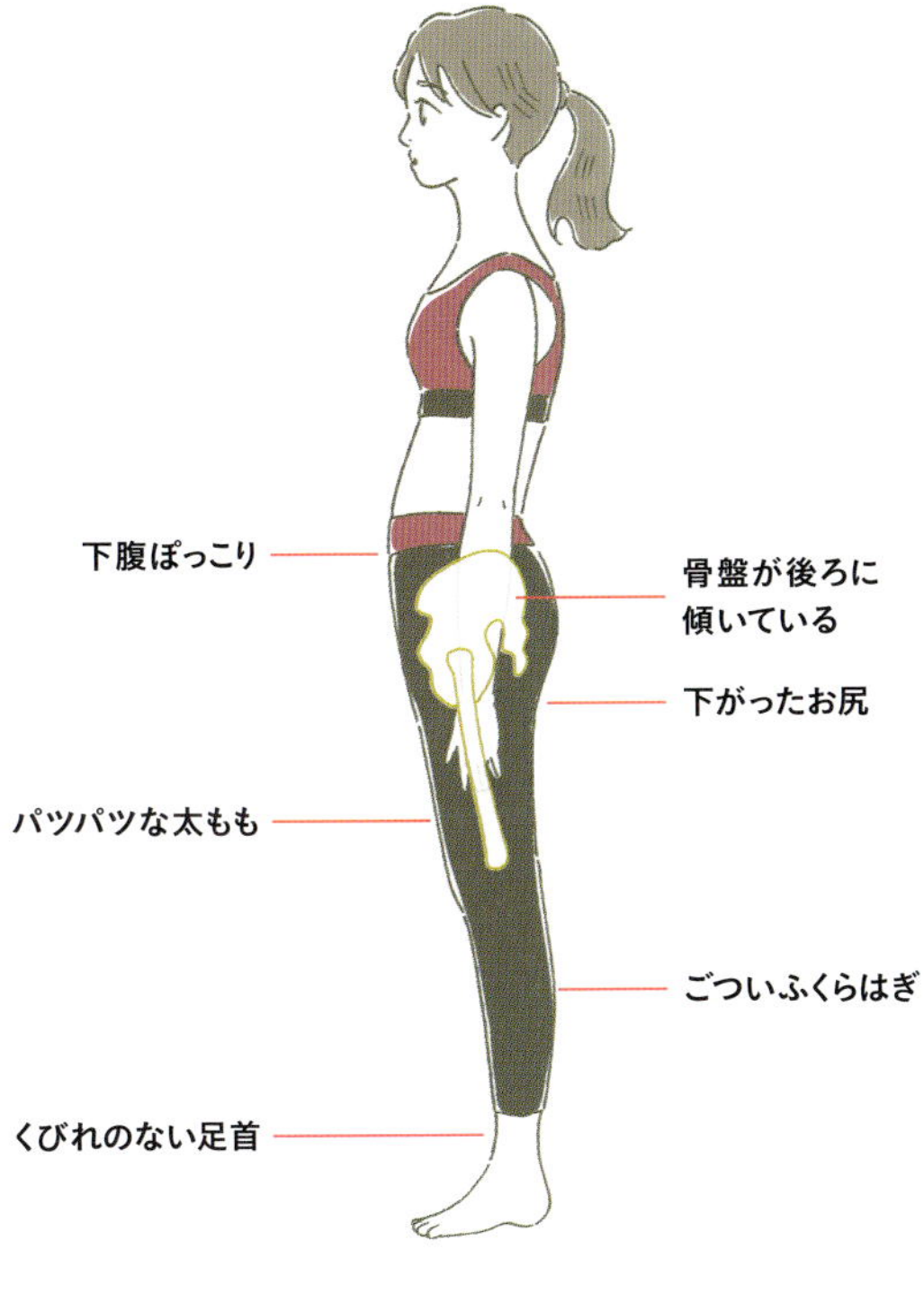
下腹ぽっこり
骨盤が後ろに傾いている
下がったお尻
パツパツな太もも
ごついふくらはぎ
くびれのない足首

間違い姿勢でエクササイズをしている人多数!?

「やせたいのに太くなる」ありがちトレーニングの誤解

残念なことに、スクワットを頑張れば頑張るほど太ももを太くしてしまっている方が多いように感じます。

皆さんも、一度はスクワットをしたことがあると思います。そのときに太ももの前側だけがキツくなってしまった経験はありませんか？ **トレーニングの姿勢（フォーム）は関節の角度や動きのイメージが少し違うだけで太くなってしまいます。**わかりやすい例でいうと、階段を上ると太ももの前側がキツくなるのを感じたことはありませんか？ このように感じる人は重心が前にのりやすかったり、背中が丸まりやすい人です。背中を丸めながらスクワットをすると、骨盤が後ろに傾き、太ももの前側に負荷がかかります。つまり鍛えたいはずのお尻の筋肉は全く使えていない状態です。よって、太ももは今よりもたくましくなり、お尻には変化がないといった残念な結果に。本書で紹介しているコンディショニング（P50〜）中の姿勢もお腹を突き出してしまったり、背中が丸まったりしてしまう場合は要注意です。

何度かお伝えしてきましたが、**重心を正しい位置に戻し、正しい姿勢になることは美しくやせるための大前提です**。これはエクササイズ中でも当てはまります。やせるための第1ステップは、キレイな姿勢と正しい重心を身につけること。それができたら初めて負荷をかけてエクササイズができます。これをお忘れなく。

**キレイな姿勢で
スクワットをすると…**

OK
お尻に効いて
ヒップアップになる

**崩れた姿勢で
スクワットをすると…**

NG!
太ももに効いて、
太ももが太くなる

ナベタツ式
脚やせの効果 1

使いすぎている筋肉を休ませ、サボっている筋肉を使えるようになるから脚が細くなる

「脚を細くしたいのであれば、寝たきりになるしかないですね」と、スタジオのお客様に冗談で言うことがあります。でもこれ、本当の話でもあるんです。というのも、脚は使いすぎることで太くなり、逆に使わなければスルスルと細くなっていきます。とはいえ、日常生活を送るのに脚を使わないわけにはいきません。だからこそ、使いすぎている筋肉を必要最低限に抑え、サボっている筋肉がしっかり使えるように調整し、バランス良く脚を使えるようになることが重要です。

使いすぎている筋肉とサボっている筋肉の分かれ道は、やはり重心にあります。猫背などの悪い姿勢は、重心が前にのり太ももの前側やふくらはぎで支えようと使いすぎて太くなってしまいます。その姿勢をキレイにするためにはサボっている筋肉を呼び覚ま

すしかありません。そのままサボらせたままにしておくと、脂肪燃焼レセプターが働きにくく、たるみに悩まされるかもしれません…。

理想的なのは、身体の中心である股関節やお尻の筋肉を使って脚を動かすこと。そうすることで、体幹も自然と使われるようになり、太ももやふくらはぎの動きを最小限に抑えられます。

つまり、お尻はキュッと引き上がり脚が細くなっていくという理想的なボディラインになってくるのです。

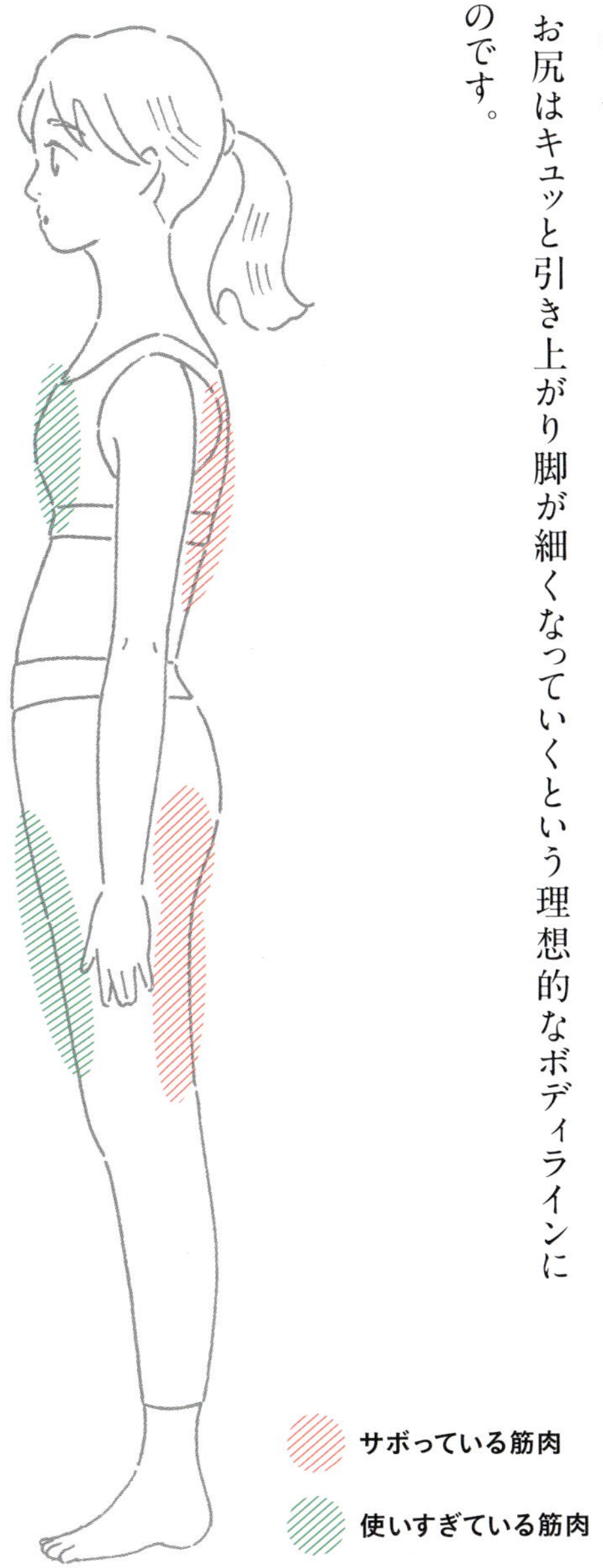

ナベタツ式
脚やせの効果 2

ヒップが上がると脚は長くなる

左ページの写真はうちのスタジオのお客様のビフォーアフターです。お尻の位置が上がり、太ももの境目がくっきりとしているため、脚は長く見えます。

《脚の長さは変えられないが、脚を長く見せることはできる》

エクササイズを通して正しい姿勢を身につけ重心のズレを修正し、キレイな動きを習得した結果です。とはいえ、週1回のスタジオレッスンだけでは、この結果にはなりません。

何度も言いますが、日常生活こそがエクササイズです。例えば歩く時、猫背のペタペタ歩きにならないよう正しい姿勢と重心を意識する。そして股関節から脚を動かすことで、ヒップアップするだけでなく脚が細くなっていきます。これで太ももやふくらはぎを太くする歩き方を卒業し、美脚になる歩き方を身につけることができます。

ヒップアップというと、骨盤を前傾させて腰を反らせてお尻を突き出す人がいますが、写真を撮る一瞬であれば良いと思います。しかし、それをやり続けるのは現実的ではありません。腰を反ってもお尻は上がりません。お尻と太ももにメリハリをしっかり作るからこそ、お尻は中心に引き寄せられトップが上がります（＝ヒップアップ）。

本書でもスタジオでも共通しているのは、**まず初めに間違った重心から正しい重心に直すこと**。3エクササイズを通じて、日常生活のひとつひとつの動きをエクササイズにすることで、誰もが確かな手応えを感じるのかもしれません。

BEFORE

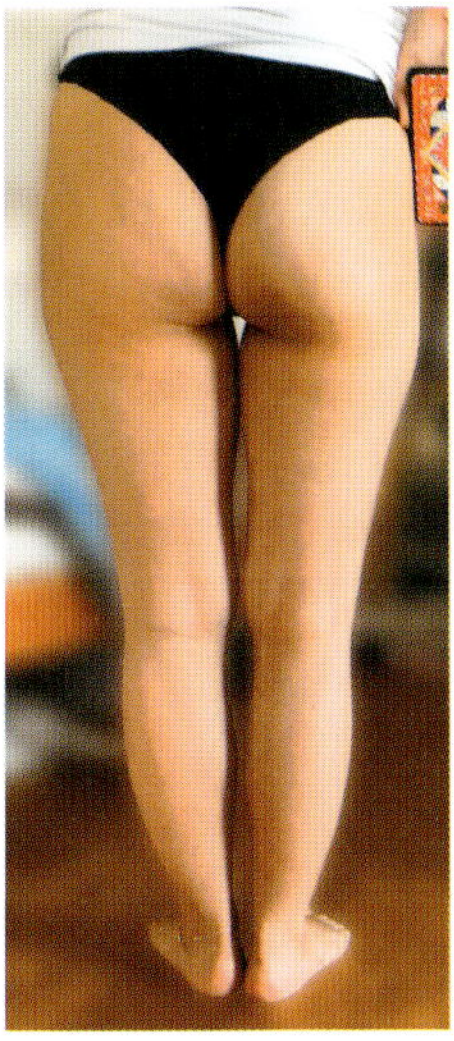

AFTER

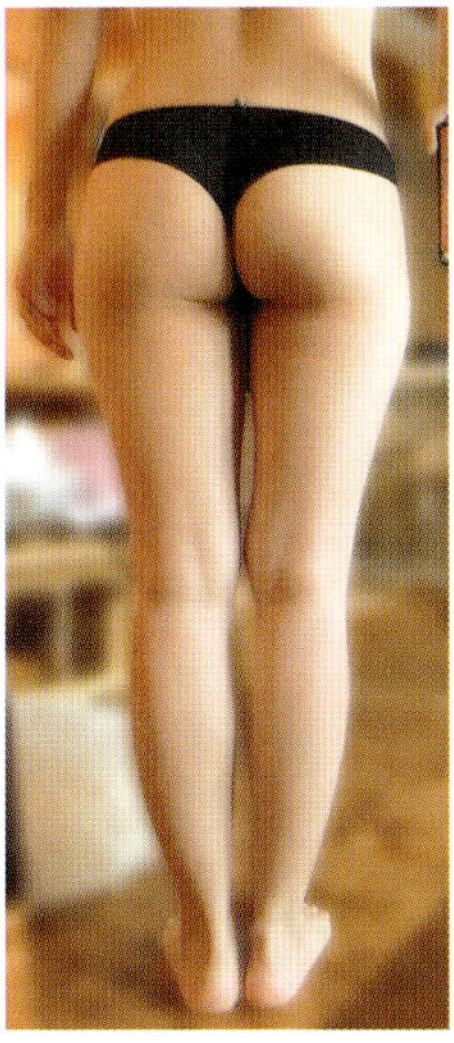

ナベタツ式
脚やせの効果 3

日常生活の動きを変えると
リバウンド知らずの美脚に

階段を上る際、太ももを太くがっしりとさせてしまう人と、ヒップアップトレーニングにしてしまう人の2通りに分かれます。2つの分かれ道は、重心のかけ方。つま先に体重をのせる前重心タイプは、母《ぼ》趾《し》球《きゅう》のあたりに体重がのるため、股関節が動きにくくお尻で体重を支えにくくなります。そのため、太ももの前側で体重を受け止めてしまい、太くなります。逆にヒップアップトレーニングになる階段の上り方とは？　それは、体重ののせる位置としてスニーカーの靴ひもの結び目に意識を向けること。股関節が動きやすくなるため、お尻で体重を支えやすくなりヒップアップしていきます。本書のエクササイズでは確実に脚が細くなりますが、それで終わりにはなりません。この本を通じて、**何気ない日常生活の動作が脚を細くするエクササイズとなるよう、身体の使い方を身に**

つけてほしいと思っています。なぜなら、私たちの生活はエクササイズをしていない時間の方が長いからです。何気ない日常生活の動きで身体をどうするかがカギとなります。

椅子から立ち上がる時

GOOD

NG!

GOOD：背骨と骨盤はまっすぐのまま立ち上がる。

NG!：猫背で背骨が曲がったまま立ち上がる。

階段を上る時

GOOD

NG!

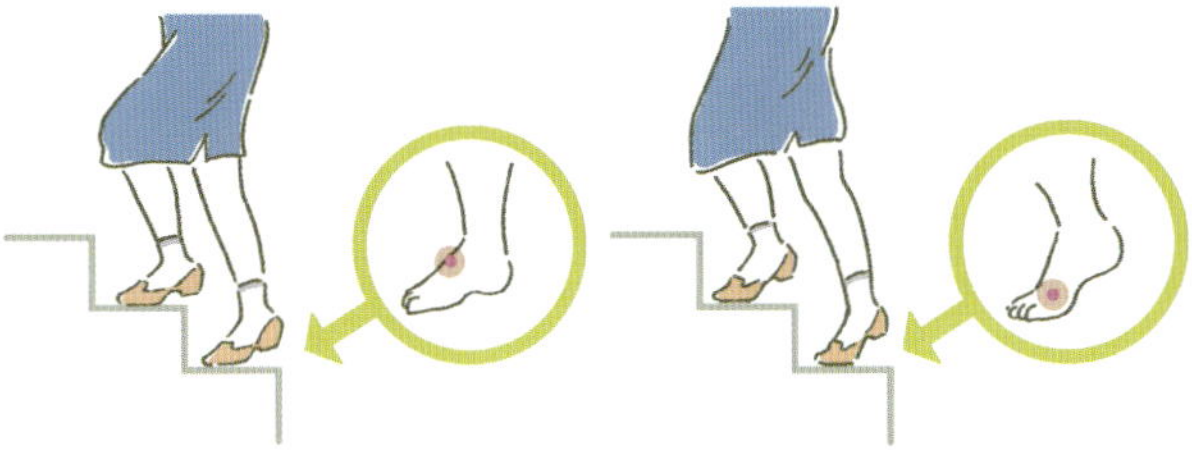

GOOD：靴の結び目あたりに重心を置くイメージで階段を上がる。

NG!：階段を上る時、指先や母趾球に重心を置いて階段を上がる。

ものを取る時

GOOD

NG!

GOOD：背骨と骨盤はまっすぐのまま、ものを取る。

NG!：ものを取る時、背中と骨盤を丸めてしゃがむ。

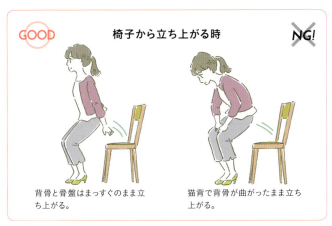

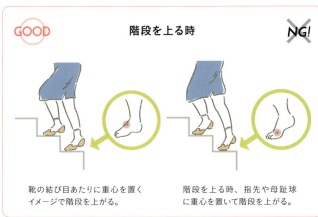

ナベタツ式
脚やせの効果 4

キレイな姿勢と動き方が自然と身につく

キレイな姿勢ができるようになると、ヒップアップしたり、脚のラインがキレイになったり、バストトップが上がったりするなど、気分が上がるだけでなく自分に自信が持てるはず。またその姿勢をキープしながら、キレイに動けるようになると、ボディラインは今よりもっとキレイになります。そのためには本書にある3エクササイズを習得していきましょう。これらはキレイな姿勢を作るための土台を整えること、キレイな姿勢をキープするための身体の軸を作ることを目的としています。正しい姿勢が実際にできるようになると、身体の内側にある感覚が芽生え始めます。左のページで紹介している通り、身体全体が中心に向かって引き上がるような感覚になるので、全身がリフトアップしているような見た目へと変化します。

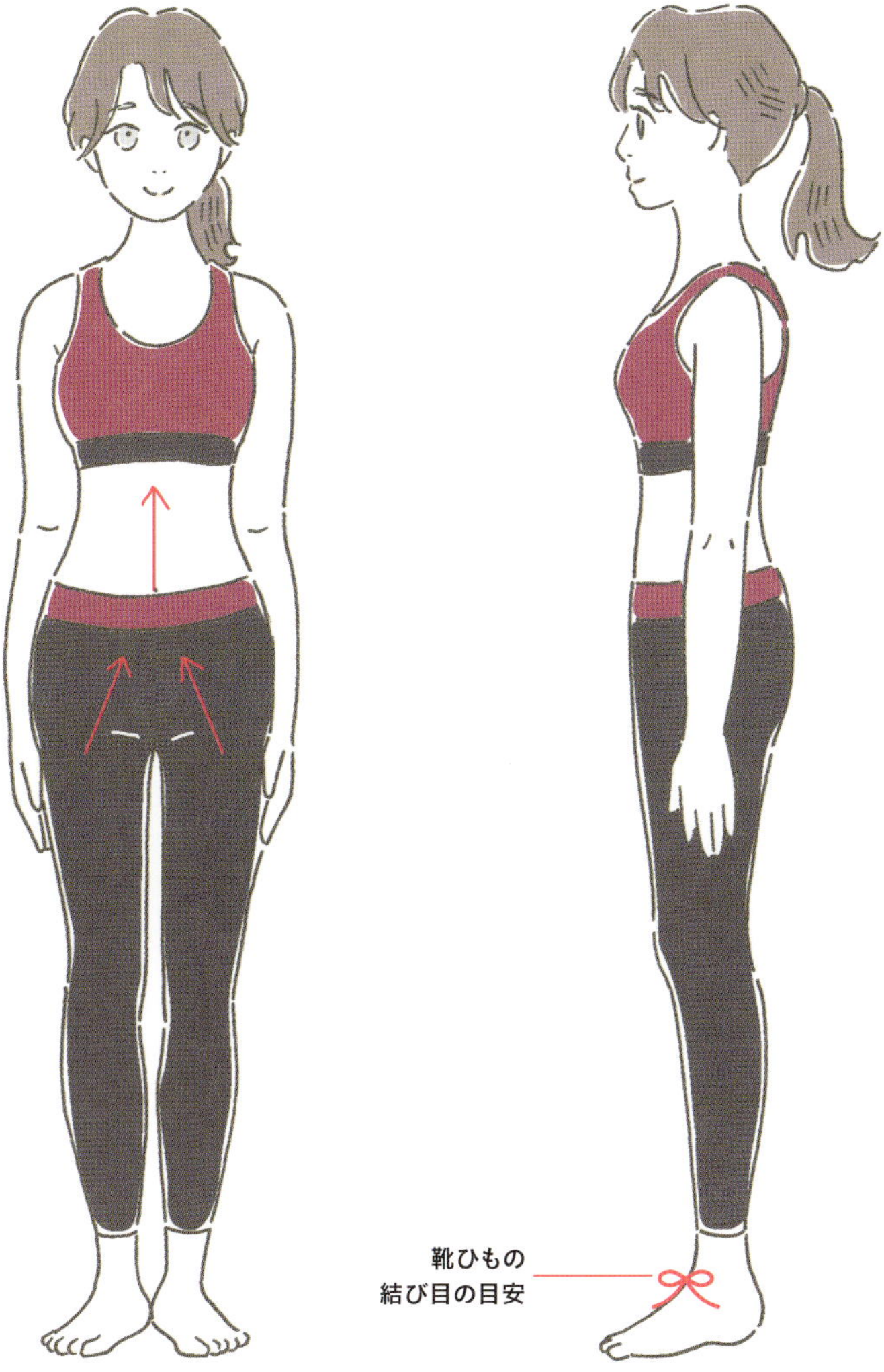

キレイな姿勢の作り方

1 かかと同士をくっつけて、
つま先をこぶし一個分開きます。

2 頭頂部と靴ひもの結び目で
上下に引っ張り合います。

内ももが中心に引き上がる

▼

骨盤（膣）が引き上がる

▼

お腹が引き上がる

▼

バストトップが上がる

▼

目線が上がる（遠くを見る感じ）

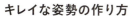

ナベタツ式
脚やせの効果 5

重心がリセットされるから くびれができる

くびれはやせたらできるものだと思っていませんか？　しかしやせたとしてもくびれができるとは限りません。あなたの身体にくびれがないとしたら、それは重心が正しい位置からズレたり、悪い姿勢になっていたりするからです。**くびれを作るには、肋骨（胸郭）のポジションと柔軟性がとても大切です**。なぜ、重心や正しい姿勢がくびれに影響するのか…それは呼吸をしてみるとよくわかります。背中を丸めた猫背の姿勢を保ちながら呼吸をしてみましょう。息を吸っても胸の前に空気が入らず、背中に空気が入るのがわかると思います。その反対で、胸を張った姿勢で息を吸うと胸の前には空気が入りますが、背中には入りにくいと思います。正しい姿勢（P33）で呼吸をすると、胸の前側、後側、横側も空気がしっかり入って肋骨が広がり、息を吐くと肋骨は締まっていきます。この締まった状態が作れるようになると、くびれができます。悪い姿勢は、肋骨が潰れて横に広がるため、呼吸が入りにくくなり、くびれができなくなります。

本書のエクササイズは、くびれを作る土台である背骨や骨盤を正しいポジションにすることで、肋骨（胸郭）を動かしやすくさせていきます。ビフォーアフターの女性（P8）を見てもくびれができているのが一目瞭然だと思います。この3エクササイズで女性らしいくびれをぜひ手に入れてください。

肋骨に手を当てて呼吸をして
チェックしてみよう

ナベタツ式
脚やせの効果 6

何歳から始めても美しい脚のラインが手に入る

左ページの写真の女性は40歳からエクササイズを始めた方です。重心をリセットするエクササイズは、何歳から始めてもいいように考案していますが、できるだけ早く始めることをおすすめします。

なぜなら、ブス脚にしてしまうのは、日常生活のクセの積み重ね。脚を組むのがクセだったり、猫背やスマホを見る時に下を向いていたりするなど…。そのクセが当たり前になってしまっている年数が増えれば増えるほど、正しい姿勢を自分のものにするには時間がかかります。ですので、30歳を過ぎたらできるだけ早く正しい重心と姿勢を身につけていただきたいと思っています。

結果を早く出すコツは、自分の身体がどうなっているかに意識を向けること。そして身体（内側）の感覚を繊細にすることが大切です。窓ガラスや鏡に映る自分を見て「肩の高さが左右で違う」と感じてみたり、「こっちの脚に体重をのせることが多い」などを内側で感じることから始めましょう。またエクササイズする際にも、「こっちの脚が動かしにくい」「こっちの足裏が地面につきやすい」「重心ってこういうことか」など、なんでも構いません。

感覚が敏感になると結果が出やすくなるだけでなく、身体が変わっていくことに敏感になるため、モチベーションを高く保つことが出来ます。

BEFORE

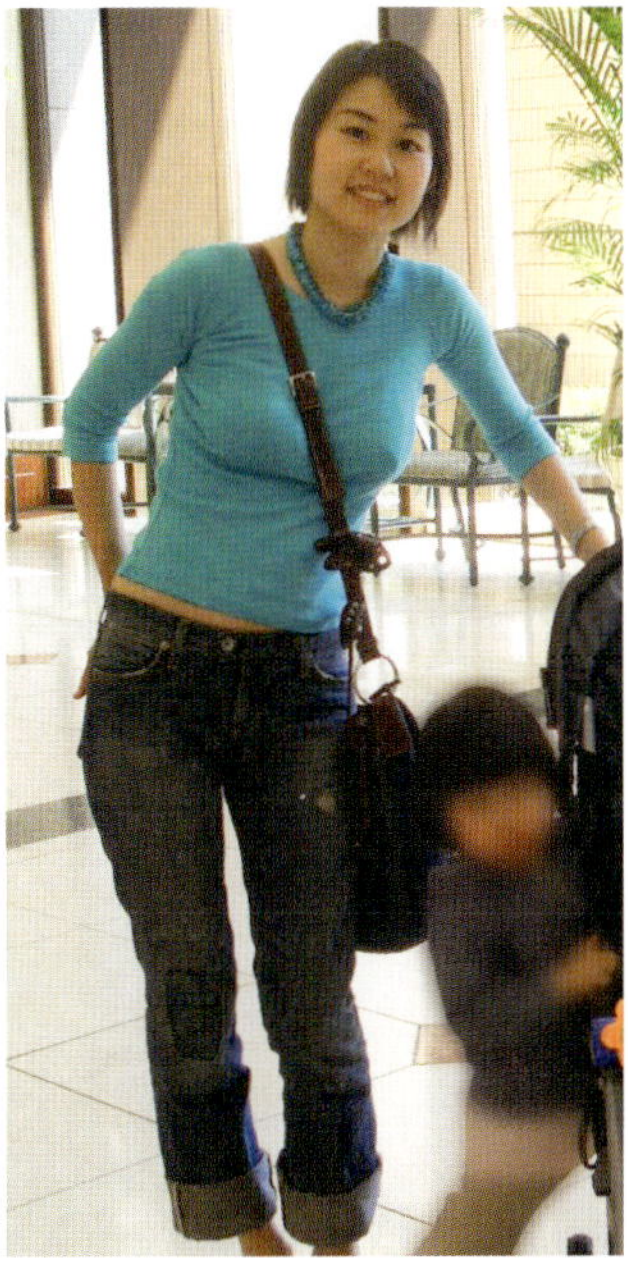

AFTER

さらに嬉しい!

ナベタツ式
脚やせの効果 !

プチ不調から解放される

日常生活にいかせるのが本書のエクササイズの最大特徴であり、私がこだわった点です。普段の生活にいかすことで身体の不調も改善されます。

エクササイズを実践し、正しい姿勢と重心を身につけることで、顕著に感じるのが腰痛の改善かもしれません。悪い姿勢は、股関節が使いにくくなるため、体重や動きの負担を腰で受け止めてしまいます（※Ｐ31でものを取る時、背中と腰を丸める姿勢をする人は要注意です）。

また安定させておきたい骨盤が、股関節の動きをカバーすることで、腰が動きすぎてしまいます。その積み重ねが、腰の違和感や痛みの原因となります。腰に負担のかからない姿勢と動きは、まさに正しい姿勢と重心なのです。

正しい姿勢で股関節を動かすことで、腸のせん動運動が活発になり、便秘改善にもなります。さらに、キレイな姿勢になるとお腹が引き上がるので、内臓の位置が下がらなくなり、便秘防止にも。

足裏のエクササイズ（P52）で足の指を動かすと、末端の血流促進にもなりますので冷えに効果的です。冷え性と同じくらい悩みの多いむくみには、股関節のエクササイズ（P57）で、そけい部を動かしリンパの流れをスムーズにすることが大切です。また骨盤が正しいポジションになるため、生理不順などにも効果があります。

Column 1

馬の脚が美しいワケ

本来、歩いたり走ったりする時は、股関節から脚を蹴り出すだけ。股関節を動かすから、自然と太ももや膝、足首がついてくるのが理想的な動作です。そんな理想的な動作ができているのが馬です。馬は、お尻がプリッと引き上がり、脚がすらっとしていますよね。これは股関節から蹴り出す歩き方によって、自然と身についたボディラインです。

ですが、私たち人間は、座った姿勢が長かったり、重心の位置が崩れたりなどが原因で、股関節が動かしにくくなっている人がほとんどです。そのため、膝や足首で蹴り出すような歩き方をしてしまうので、ふくらはぎが太くなったり、崩れた重心を支えるために太ももが太くなったり、膝で蹴り出す歩き方しかできなくなってしまいました。ですが、逆の発想をするならば、正しい歩き方を身につければ自然と美しいボディラインを手に入れられるということ。そのためには正しい姿勢と重心が必要なのです。

1エクササイズ
3分!
いつでもOK

Chapter 2

ナベタツ式 究極の「美脚トレ」で本気やせ

やせる仕組みを理解したら、
次は正しい姿勢を身につけながら、
無理なくやせる3エクササイズに挑戦。
姿勢が違うだけで効果が半減してしまうので、
写真に詳しい解説をつけました。

「美脚トレ」の見方

正しい方法でエクササイズをするためにまずこちらをチェック。

コンディショニング、エクササイズの順番で掲載しています。必ず交互にやりましょう。

身体の動かし方、視線、意識する場所は必ずチェックしましょう。

03 Exercise Conditioning
02 Exercise Conditioning
01 Exercise Conditioning

甲～指先を動かす

トータル目安 30秒
10回

ールを履いた時の足の状態を作って、
っかり伸ばす。

足指を反らせる
このまま下に下ろす
足指の反りはキープ
甲を伸ばす
ハイヒールを履いた時の足の状態
膝のラインと同じになるように足指をまっすぐ伸ばす
伸ばしきった状態
足の骨を意識しながら、指をちぢめて上へ上げる
上まで持ち上げたら最初に戻る

INT
足の間はこぶし
一つ分をキープ

内股になると
ゆがみの原因に
になると、足首がゆがみ、
はぎが外向きに。脚が太く
原因を作ってしまうので注意。

3. 足の親指だけを床につける

親指だけを床につけて足裏の筋肉を鍛える。外反母趾の予防にも一役。

20秒 キープ
10回

膝は立てて開く
親指以外はあげたまま

POINT
親指が浮いてしまう人は、手の人さし指で押してサポートしてあげましょう。足裏の筋肉が鍛えられるのを感じよう。

Q.もし、脚がつったら？
一時中断して、足の裏をもみほぐしましょう。普段使っていない筋肉を動かしているので、つること自体は悪いことではありません。

足部を動かして正しい姿勢の土台を作る

エクササイズ
01
Exercise
足裏のエクササイズ

足首回しや指を動かすエクササイズで、足裏の筋肉を鍛えて、キレイな姿勢や重心を保てる土台を作ります。

準備 左右の足の間はこぶし一つ分開き、楽な場所で後ろに手をつく

基本姿勢

1. 足の甲を伸ばしながら足首を回す

足指を遠くに伸ばすイメージで足首を内・外回りに回す。遠くに伸ばすイメージをすると足の指は自然と開く。

自然と足の指が開く
足の指を遠くに伸ばすイメージで回す
甲を伸ばす

POINT
足指を遠くに伸ばすイメージをすると甲が反りがちになるので気をつけよう！ 甲はまっすぐ伸ばしたまま行うこと。

NG!
指をちぢめる
指がちぢまっていたり、甲を丸めながらの姿勢はNG。足指が反って、自然と指の間に隙間ができるように意識しよう。

トータル目安 20秒
内回し 10回
外回し 10回

052

POINT
脚やせのポイントとなる動きです。

NG!
やってしまいがちな動作を明記しました。

回数や時間の目安です。

「美脚トレ」のルール

1 1〜3まで、それぞれ
コンディショニング→エクササイズの順で行う。

2 1〜3まで通しで行う。

3 朝にトレーニングをすると代謝が上がりやすい。
夜にトレーニングする場合は、
1日の疲れや筋肉のクセをリセットしてくれる。

4 一つの動作でひと呼吸を意識すること。

5 脚がつったり、痛みが出た場合は
ほぐしてマッサージする。

6 ベッドの上でやるのはNG。
カーペットの上で行うのはOK。

7 寝る前やお風呂上がり、空腹時など、
どんな時にやっても良い。

8 どんな服装でやってもいいが、
身体のラインが見える服がベスト。

ササイズで脚を細くする
魔法の重心リセット

コンディショニングで効果を底上げ

Conditioning

3エクササイズには必ず準備運動（コンディショニング）がつきます。なぜなら、筋肉に柔軟性がないと、正しいフォームや動作でエクササイズができないからです。姿勢を安定させる筋肉を正しく機能させることで、代謝が良くなり、トレーニングの効果が抜群に上がります。最初にコンディショニングを行うことによって、身体の内側を意識しやすくなり、日常生活がエクササイズとなる日がより早くやってきます。

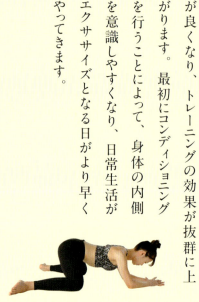

2
BIKYAKU EXERCISE

たった3エク

エクササイズで重心を整える

Exercise

３エクササイズには、それぞれ目標があります。最初に足部をほぐして土台を作り、次に股関節を動かしてしっかりしたポジションを作り、仕上げにその姿勢を安定させます。毎日の生活でバランスを崩した姿勢と重心を正しい位置に戻すために、３段階のエクササイズが必須。１日中座っている、１日中立ち仕事などの人は特にその姿勢をリセットすることが大事で、それにはこの３エクササイズが役立ちます。

でやらないと効果半減！

私たちの身体はつま先が前に出ているＬ字形なので、重心がつま先に行きやすいです。そこで、正しい姿勢を保つコツを紹介します。頭頂部と靴ひもの結び目の２カ所を意識して、正しい姿勢をキープしながらエクササイズを実践しましょう。

正しい姿勢の作り方

立っている時は、頭頂部と靴の靴ひもの結び目で上下に引っ張っているイメージ

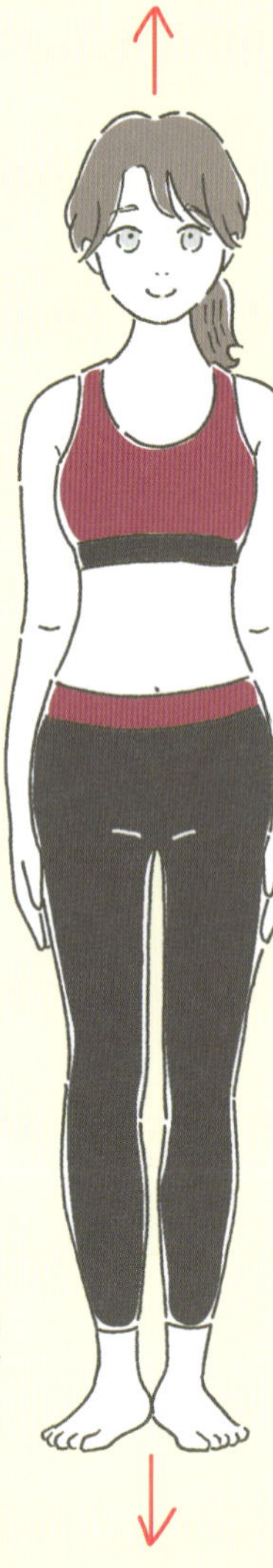

座っている時は、頭頂部と坐骨で上下に引っ張っているイメージ

座って行うエクササイズやスクワットの時は、坐骨と頭頂部で引っ張り合うのを意識しよう。

正しい姿勢ができているかは **P33をチェック**

靴ひもの位置がわからない人は、足裏にペンを置いて踏んでみると、どこの位置なのかがイメージしやすい。

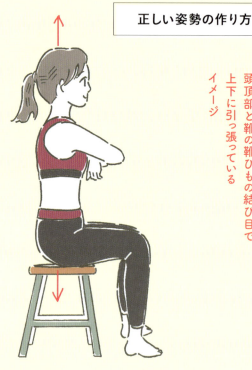

コンディショニング エクササイズ は正しい姿勢

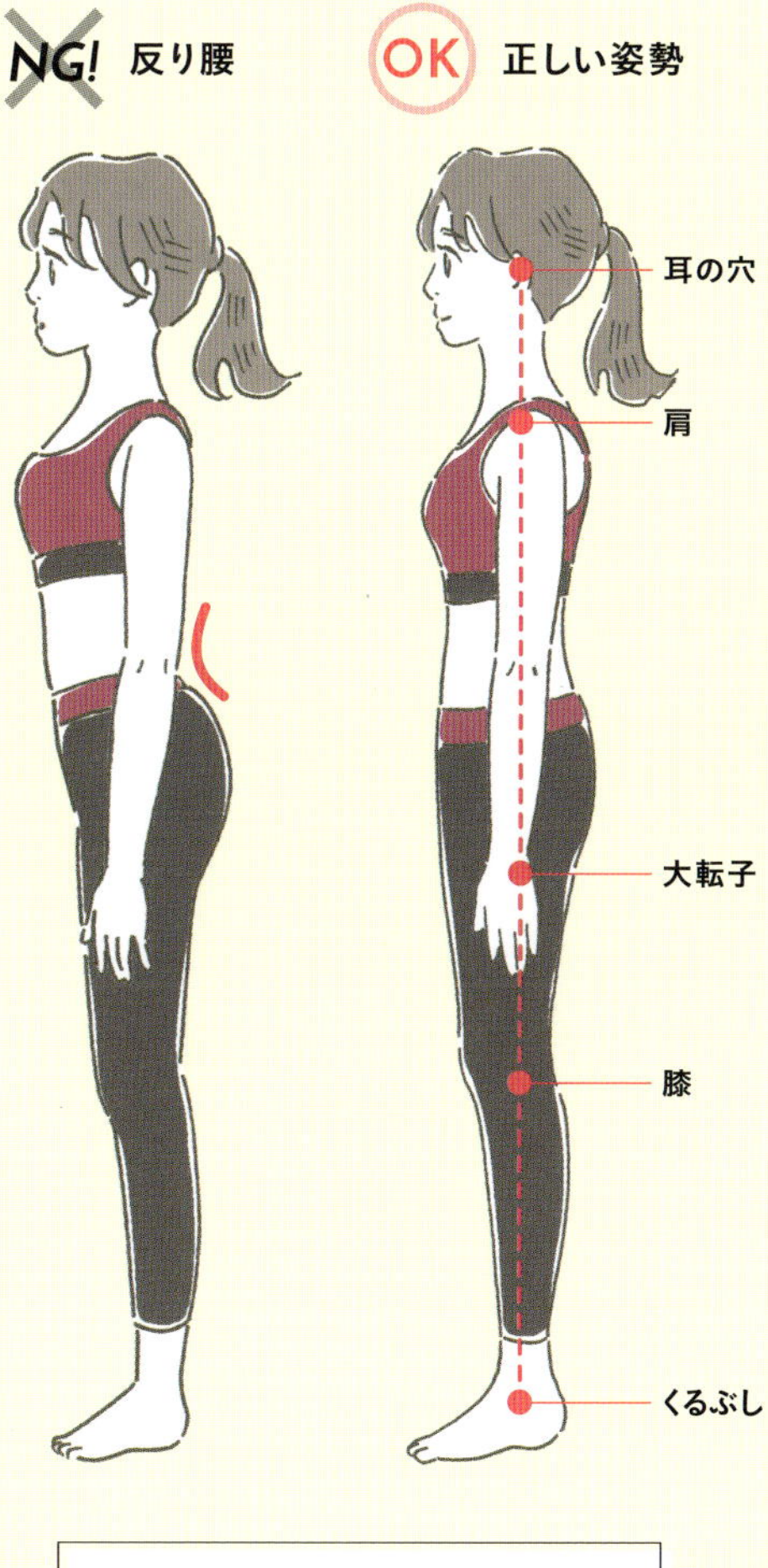
NG! 反り腰
OK 正しい姿勢
耳の穴
肩
大転子
膝
くるぶし

ありがち! NG姿勢に注意

- □頭が後ろに行きすぎている
- □肩甲骨を寄せている
- □反り腰になっている

正しい姿勢がわからない人は
重心をチェック

立った姿勢のまま 足指を上げてみよう

両足の指だけ上げて見ましょう。前重心タイプは自然と重心が後ろにいくと思います。それがあなたの正しい重心の位置です。

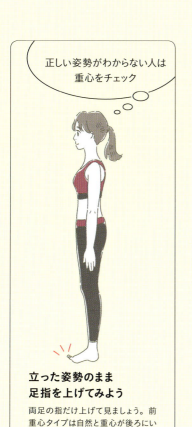

10日間で身体を変えるためのポイント

3エクササイズのそれぞれの役割はこちら。
コンディショニングとエクササイズを
セットで行うことでキレイな脚に。

コンディショニング

エクササイズ

01

足部を動かして正しい姿勢の土台を作る

＋

P.50

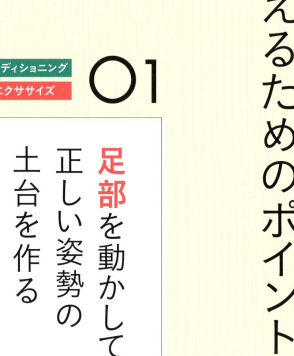

コンディショニング
エクササイズ
02

股関節を動かして
骨盤を正しい
位置に整える

P.54

＋

コンディショニング
エクササイズ
03

股関節を鍛えて
キレイな姿勢を
キープする

P.58

脚からキレイにやせる3エクササイズ
スタート!

コンディショニング

01 Conditioning

足首と足指のコンディショニング

正しい重心で立てるように、足首と足指をほぐして足のアーチを作ります。
ポイントはつま先から甲まである足の骨を意識してストレッチすること。

1. 足指を上下に開く

座った姿勢で、片方の脚を伸ばし、太ももの上にもう片方の脚をのせる。両手で甲から指までをつかみ、上下に動かす。

座って行います
足の骨
足の骨を固定

POINT

足の甲と指先が一体になるように手の指全体を使ってつかんでから、上下に動かすこと。親指と人差し指、人差し指と中指といったように1本ずつずらして上下に動かす。

トータル目安 30秒

左右 1回セット

NG!

足指だけを動かす

足の骨全体を動かすイメージで行うため、指先をつまむような持ち方はNG。

2. 足指を左右に開く

足の指同士を左右に離すように開く。1と同様に足の骨全体を開くイメージで行うこと。

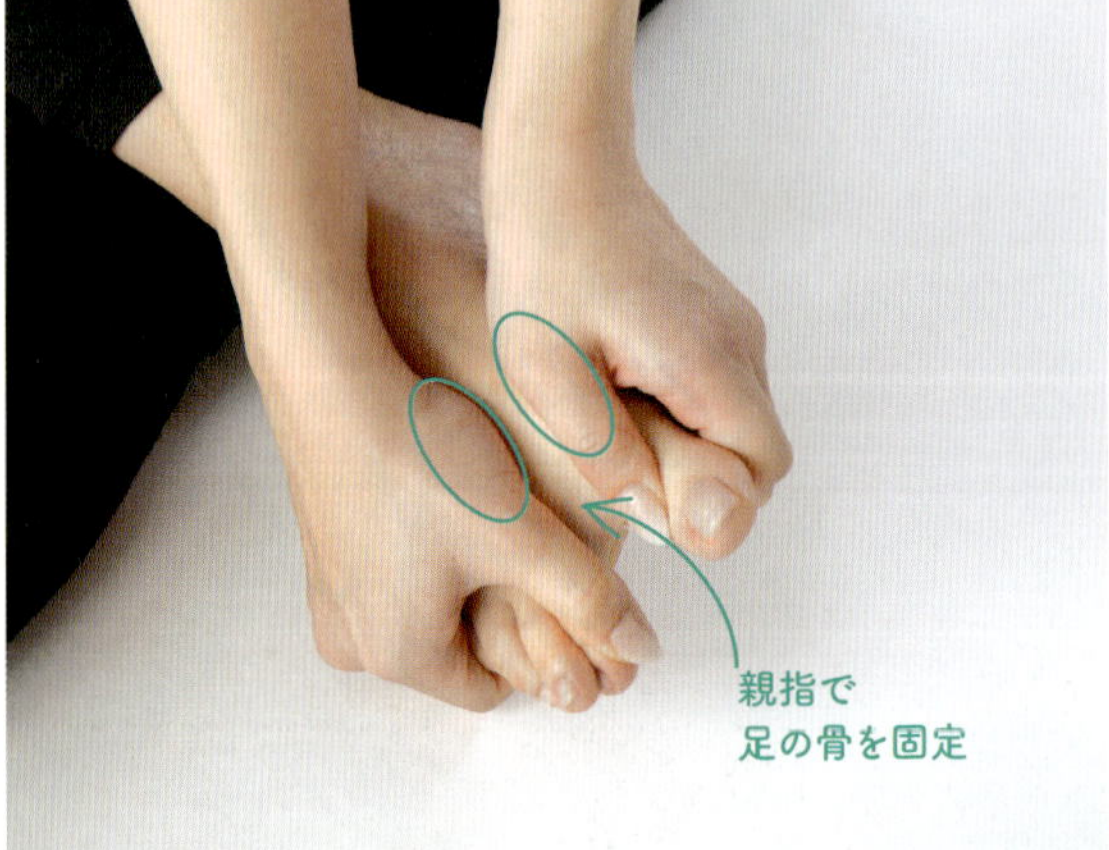
親指で
足の骨を固定

トータル目安 30秒

左右 1回セット

3. 足指〜甲を回す

手を足指の間に入れ、もう一方で甲を支えて回す。
足の骨全体が回るイメージで左・右回りで回す。

トータル目安 30秒　左回り 10回　右回り 10回

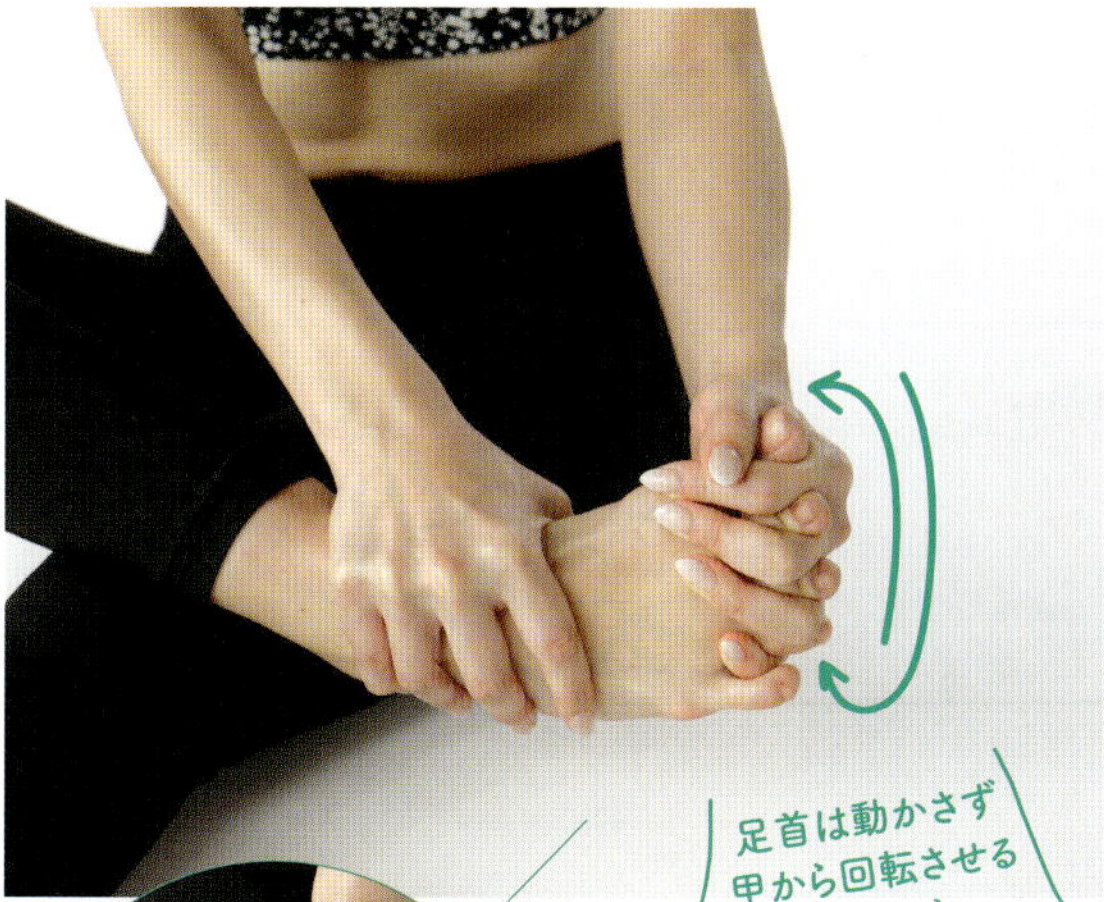
足首は動かさず
甲から回転させる
イメージ

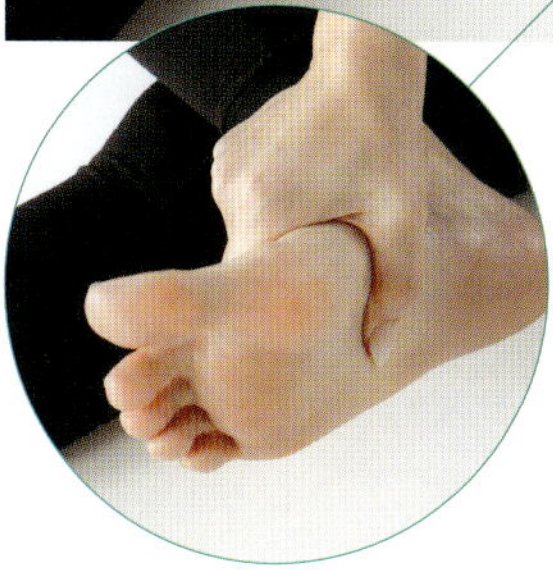

POINT

親指以外の指で甲を支え、親指で足裏をつかむと固定しやすく、甲の部分から回転させやすい。

NG!

足指のつけ根から回す

足指だけを回さないように気をつけよう。

4. 足首を回す

足首を手で固定して、足首を右・左回りで回す。

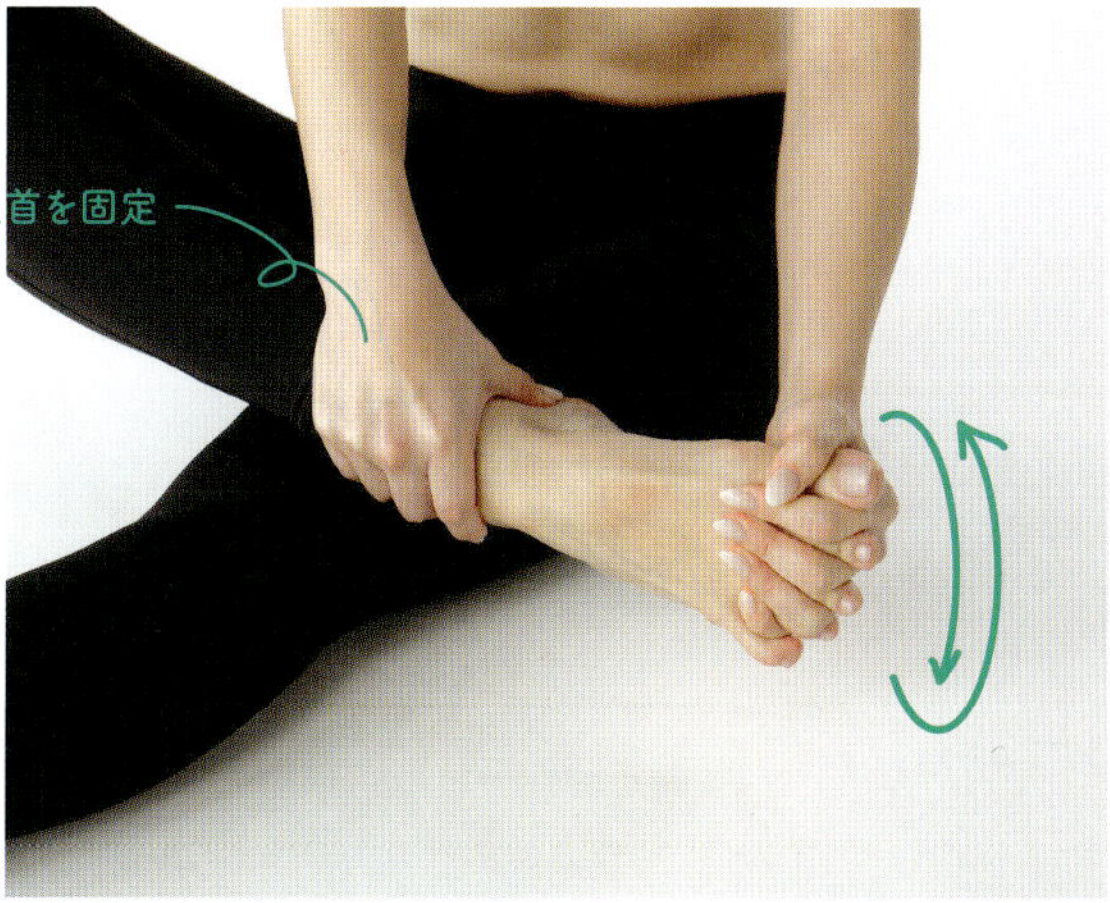
手は足首を固定

トータル目安 30秒　左回り 10回　右回り 10回

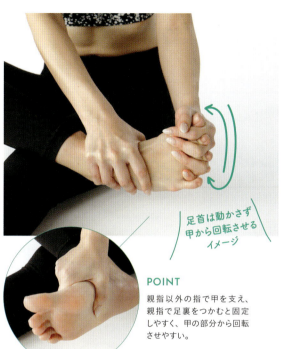

エクササイズ

01

Exercise

足裏のエクササイズ

足首回しや指を動かすエクササイズで、足裏の筋肉を鍛えて、
キレイな姿勢や重心を保てる土台を作ります。

準備 左右の足の間はこぶし一つ分開き、楽な場所で後ろに手をつく

基本姿勢

1. 足の甲を伸ばしながら足首を回す

足指を遠くに伸ばすイメージで足首を内・外回りに回す。遠くに伸ばすイメージをすると足の指は自然と開く。

POINT

足指を遠くに伸ばすイメージをすると甲が反りがちになるので気をつけよう！ 甲はまっすぐ伸ばしたまま行うこと。

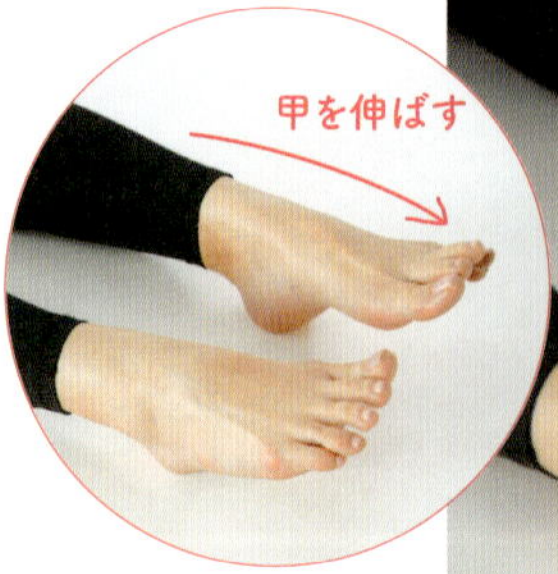
甲を伸ばす

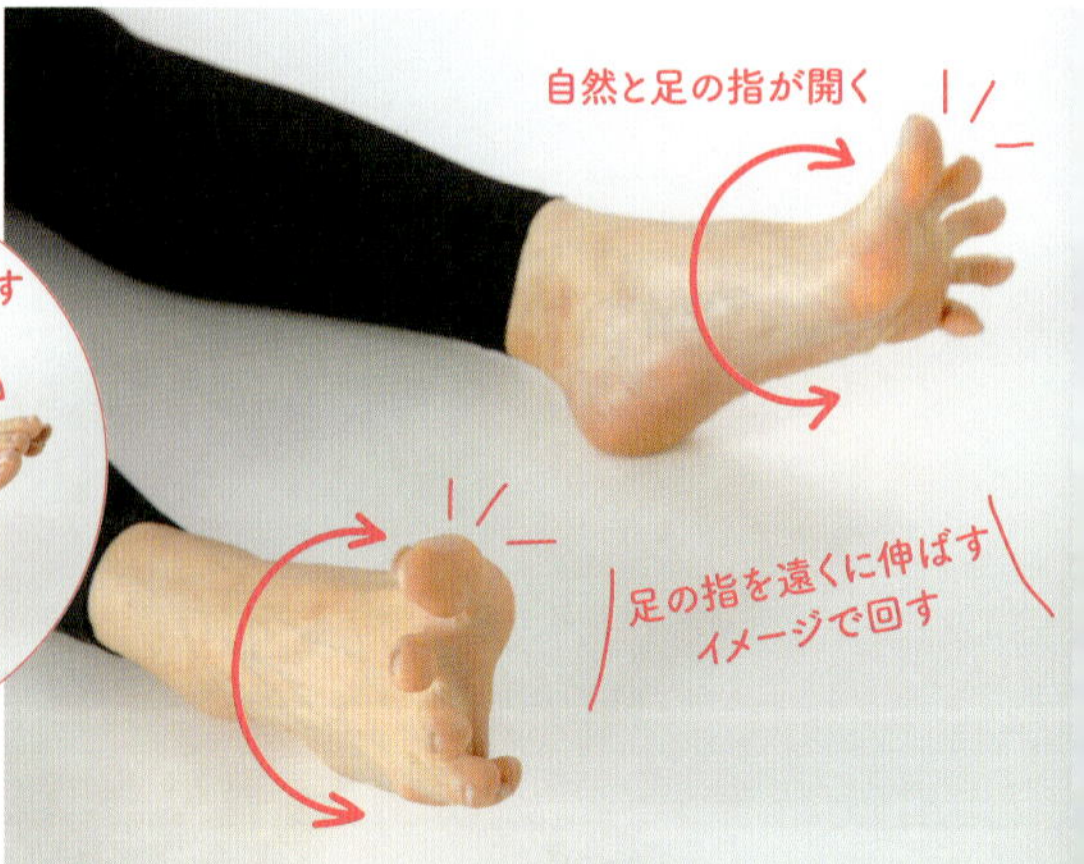
自然と足の指が開く
足の指を遠くに伸ばすイメージで回す

NG!

指をちぢめる

指がちぢまっていたり、甲を丸めながらの姿勢はNG。足指が反って、自然と指の間に隙間ができるように意識しよう。

トータル目安 20秒

内回し 10回

外回し 10回

2. 甲〜指先を動かす

トータル目安30秒　10回

ハイヒールを履いた時の足の状態を作って、
甲をしっかり伸ばす。

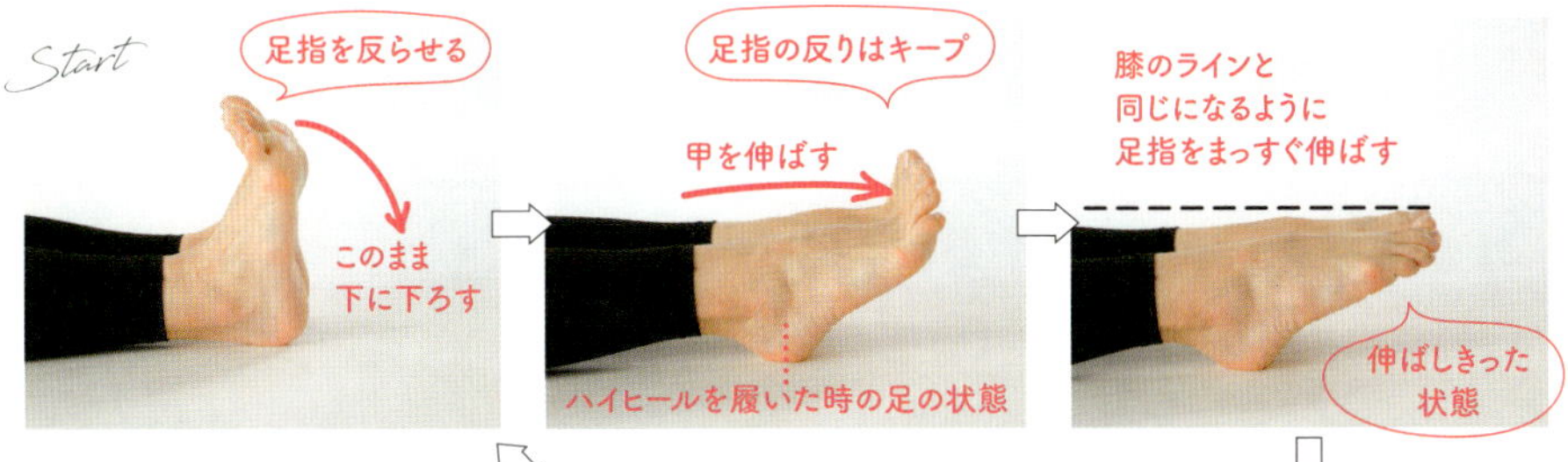
Start
足指を反らせる
このまま
下に下ろす
足指の反りはキープ
甲を伸ばす
ハイヒールを履いた時の足の状態
膝のラインと
同じになるように
足指をまっすぐ伸ばす
伸ばしきった
状態

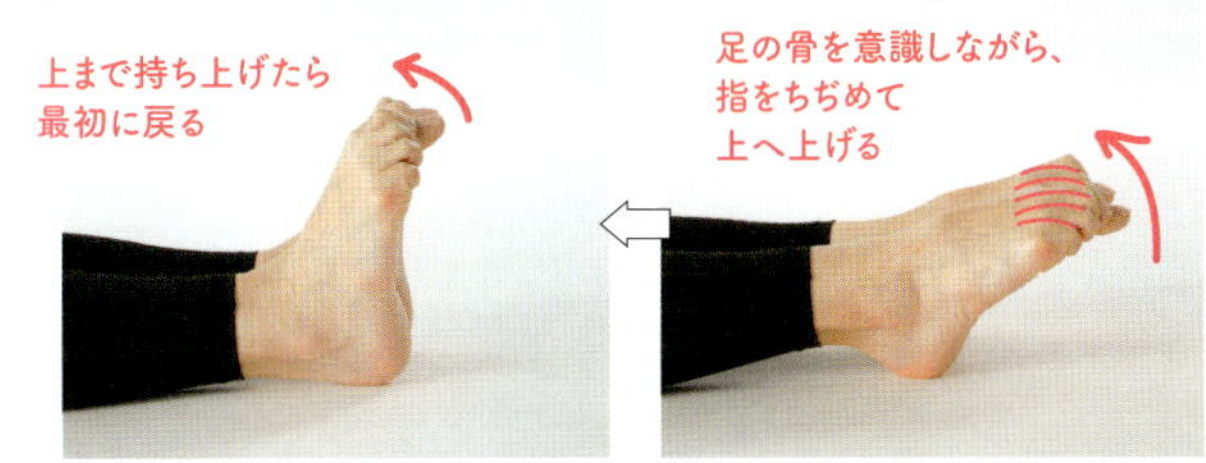
足の骨を意識しながら、
指をちぢめて
上へ上げる
上まで持ち上げたら
最初に戻る

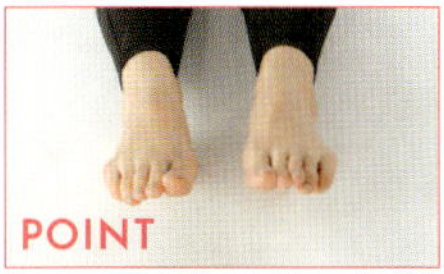
POINT

足の間はこぶし一つ分をキープ

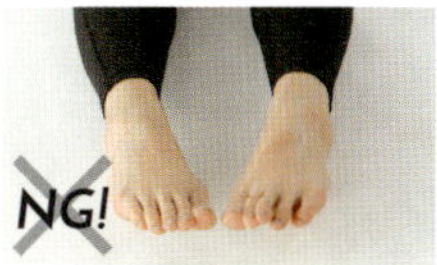
NG!

内股になるとゆがみの原因に

内股になると、足首がゆがみ、ふくらはぎが外向きに。脚が太くなる原因を作ってしまうので注意。

3. 足の親指だけを床につける

親指だけを床につけて足裏の筋肉を鍛える。
外反母趾の予防にも一役。

20秒キープ　10回

膝は立てて開く
親指以外は
上げたまま

POINT

親指が浮いてしまう人は、手の人さし指で押してサポートしてあげましょう。足裏の筋肉が鍛えられるのを感じよう。

Q.もし、脚がつったら？

一時中断して、足の裏をもみほぐしましょう。普段使っていない筋肉を動かしているので、つること自体は悪いことではありません。

コンディショニング

02 股関節のコンディショニング

猫背やくずれた姿勢によって動かせなくなっている股関節を延ばしていくことで、
骨盤を正しい位置に戻していきます。

準備 ひじと膝をついて四つんばいの姿勢にする

間違った姿勢になりがちなので、四つんばいの姿勢を鏡で横からチェックすると安心。

Q.途中で股関節が痛くなったら？

脚を開いた段階で股関節が詰まる感じなど違和感があれば、開く幅を狭くしましょう。

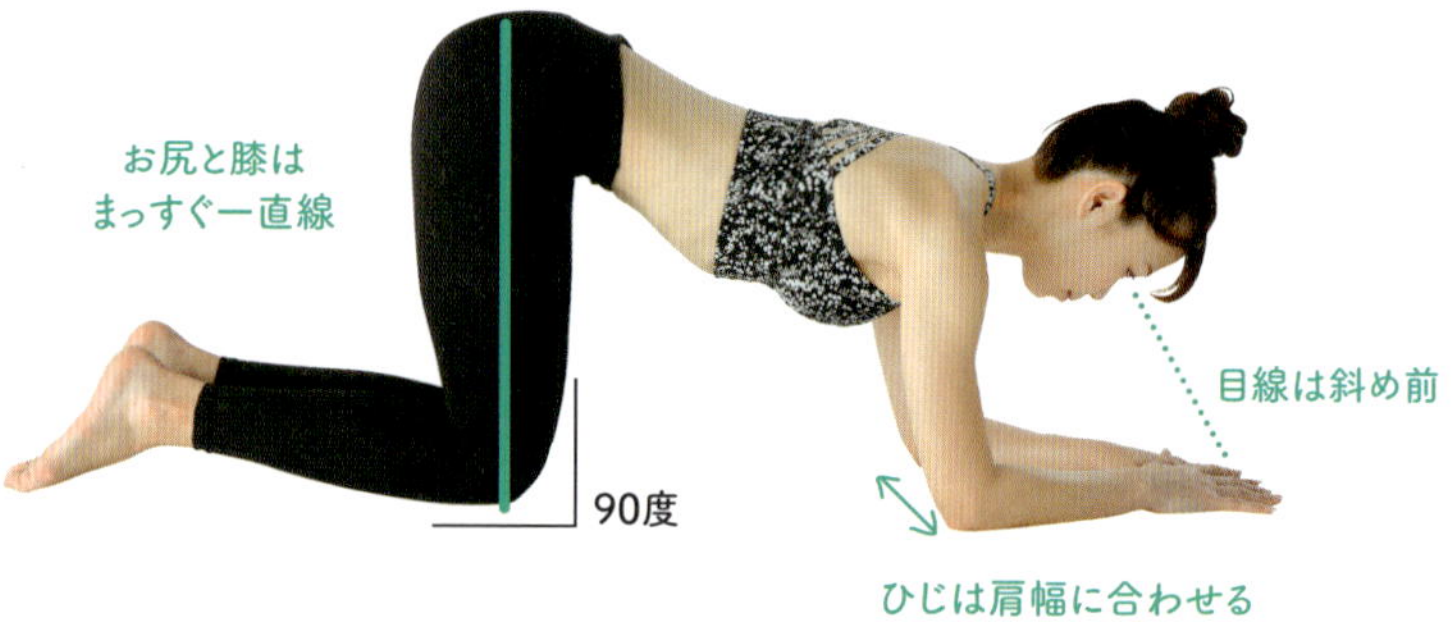
お尻と膝は
まっすぐ一直線
90度
目線は斜め前
ひじは肩幅に合わせる

1. 脚を開けるところまで開く

足指を外側に向けながら少しずつ開けるところまで開く。

目線は斜め前
膝を開く

2. お尻を後ろに引く

3秒キープ　10回

お尻をプリッとっせたまま後ろに下げる。
下がった時も膝は床から90度をキープ。

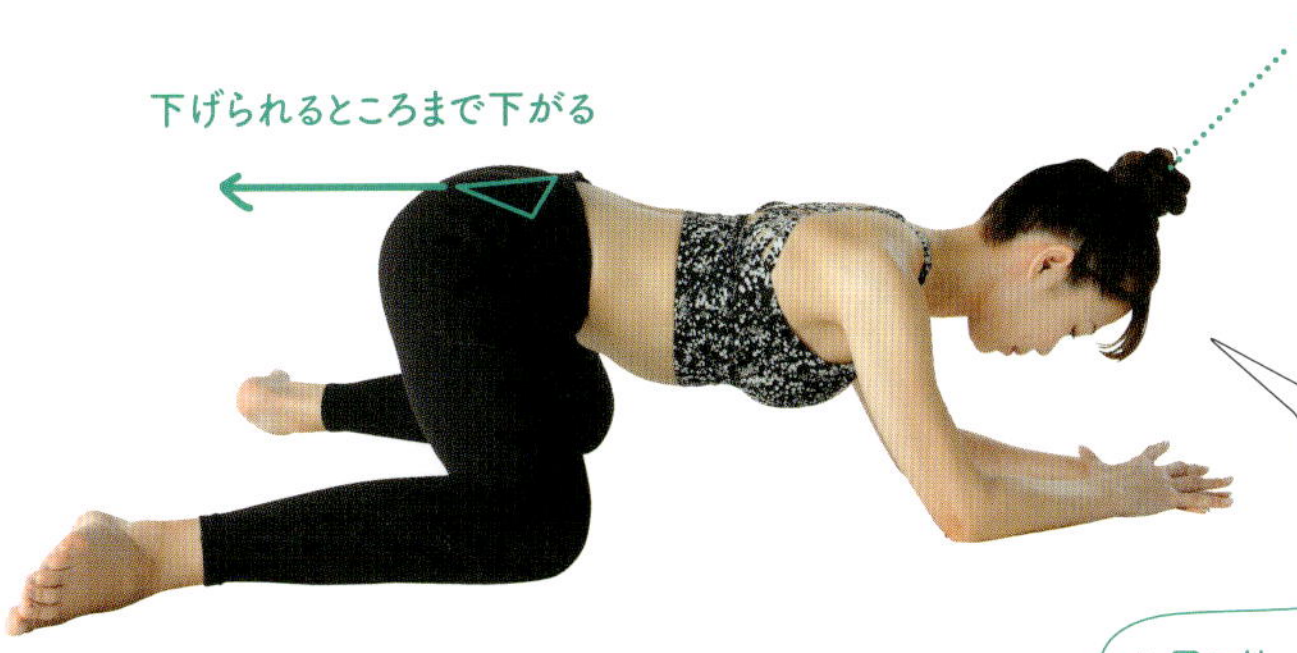

**立てると正しい
ワイドスクワットの
姿勢に！**(P90)

上体が寝ている

身体が柔らかい人にありがちな姿勢。お腹に力が入っていないとこうなってしまう。

お尻が下に下がってしまう

お尻はプリッと上に上げているイメージをしながら後ろに引こう。

膝が内側に入っている

膝が内側に入ると90度ではなくなるのでNG。目線は落とさず斜め前をキープ。

目線も頭も下がっている

床に目線を落とすのはNG。首は背骨と同じ位置をキープしよう。

エクササイズ

02

股関節のエクササイズ

股関節をいろんな方向から動かし、股関節から脚を使えるように鍛え、
正しい姿勢を保ちやすくします。

準備 テーブルや椅子に手をつき、お尻をプリッとする

椅子の背もたれでもOK。目安は60cmぐらい。
低すぎると背中が丸まるので注意しよう。

基本姿勢
目線は斜め前
お尻は突き出す
イメージ
どんな高さでもOK。
低すぎて猫背にならない
ように注意
腕は肩幅に開く
膝を軽く曲げる
目安60cm

背中が丸まっている
目線が下すぎる
お尻が下がっている
お腹が出ている
NG!

猫背になっている

姿勢が崩れると、目線は下がり、お尻も下がる。この姿勢でエクササイズをすると逆効果に。

1. 脚を横に出して後ろに回す

真横に脚を開き、弧を描くように後ろに回す。
脚を遠くに出すイメージ。

頭を下げないように注意
目線キープ
背筋まっすぐ
目線は斜め前
真横に開く

右脚15回×2セット → 左脚15回×2セット

POINT

頭頂部から
まっすぐなラインを
キープ
OK

**腰はまっすぐ
ズレていない**

NG!
左に
傾いている

**骨盤が軸足側に
傾く**

脚を上げた時に骨盤がズレてしまう人は、内ももを意識すると、ズレにくくなる。

2. 膝を曲げて斜め後ろに蹴る

真横で膝を90度に曲げた状態から、
後ろに向かって蹴り上げる。

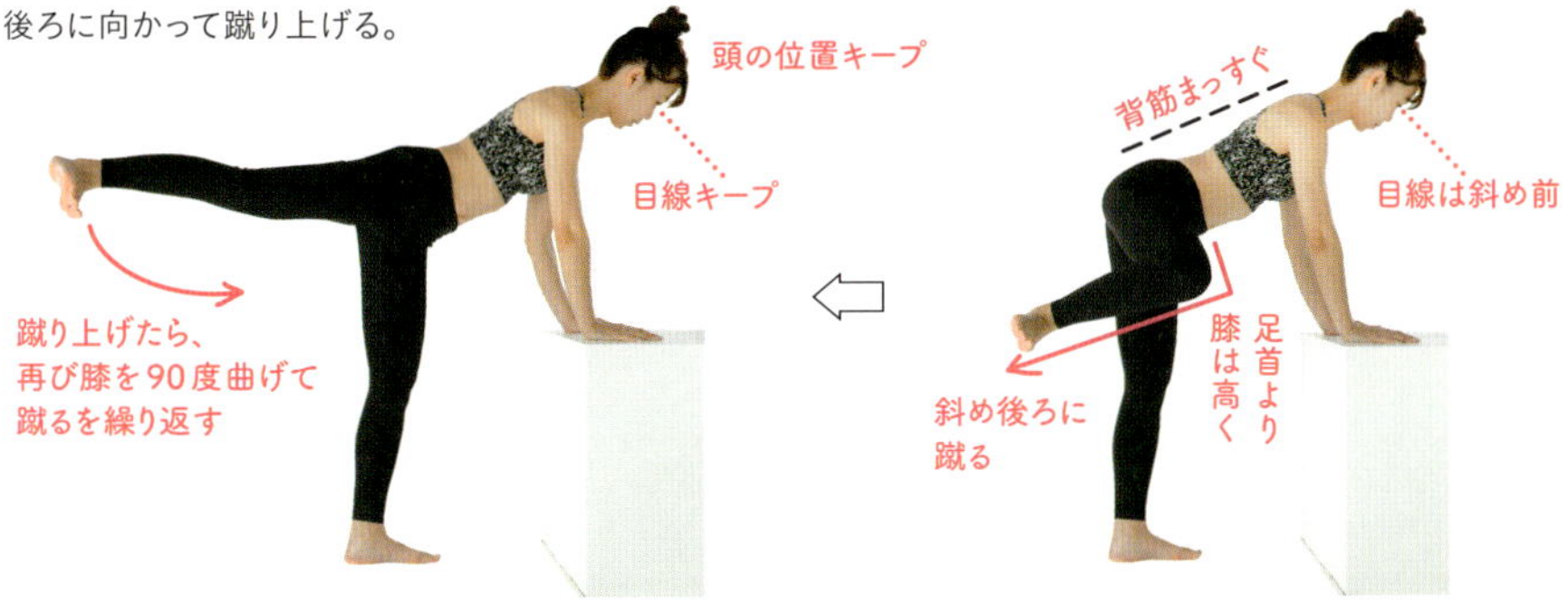
頭の位置キープ
目線キープ
蹴り上げたら、
再び膝を90度曲げて
蹴るを繰り返す
背筋まっすぐ
目線は斜め前
足首より
膝は高く
斜め後ろに
蹴る

猫背になっている

膝を前の方で曲げると背中が丸まりやすいので注意。また、膝より足首が高いと内股になりNG。

NG!
背中が丸まっている
膝が足首
より低い

右脚15回×2セット → 左脚15回×2セット

＼コンディショニング／

03

Conditioning

お尻のコンディショニング

お尻の筋肉を伸ばして柔軟性を高めることで、キレイな姿勢をキープします。
さらに、お尻の形をキレイにし、脚のラインをまっすぐに整えます。

準備　脚を上げ、お尻をプリッとする

脚を上げる台はテーブルの高さ（60 ～ 70cm）ぐらいがベスト。
上げた脚のすねが胸と平行になるようにしよう。

目線はまっすぐ
反対側の手は台の上に置いておく
台にのせた脚のすねは胸と平行
かかとを上げる
かかとを手で押さえるとやりやすい

NG!

頭が下がっている
目線が下すぎる
お尻が下がっている

背中が丸まる

上げた脚に気を取られると目線と頭が下がりがちに。体勢を確認したら、必ず目線はまっすぐ遠くに戻そう。

おへそを太ももに近づけるように上体を倒す

左脚上げ 15秒キープ 2回
↓
右脚上げ 15秒キープ 2回

頭頂を前に引っぱられるイメージで上体を倒す。
お尻が伸びているのを感じよう。

頭頂を前に引っ張られるイメージ
目線は斜め前

Q.脚が痛くなったら？

脚がつっぱるのを感じたら一旦ストップ。上体を無理に倒さなくても大丈夫。台にのせた脚のくるぶしが当たって痛くなったら、タオルを敷いて行いましょう。

POINT

ソファーや低い台で行う時

頭の位置は
下がりすぎないように
注意

背筋まっすぐ
目線はまっすぐ
台にのせた脚の
すねは胸と平行
膝を床につく

エクササイズ
03
お尻〜太もものエクササイズ

下から中心にお尻を集めて引き上げ、
脚とお尻の境目を作るエクササイズです。

準備　股関節を90度にして横向きに寝る

クッションや自分の腕枕で頭が下がらないようキープしよう。

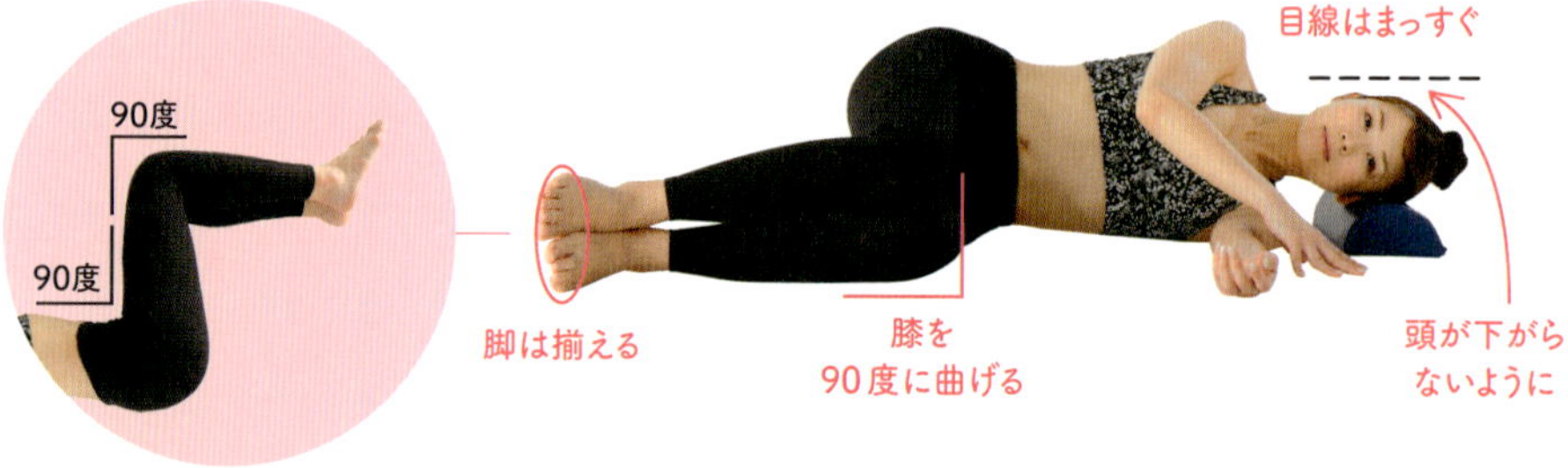
90度
90度
目線はまっすぐ
脚は揃える
膝を
90度に曲げる
頭が下がら
ないように

POINT

股関節から太もも、太ももから膝は90度の直角をキープ。

かかとをくっつけたまま膝を開く

脚は無理せず開けるところまででOK。
開いたら1秒キープしてから下ろす。その時、ストンと下ろさない。

開けるところまで
開く
目線キープ

NG!
頭が下がっている
骨盤が後ろに
倒れている

骨盤が後ろに倒れている

膝を開くのと同時に腰が動いてしまうと骨盤が傾いてしまう。

POINT

膝を開いているときはお尻が中央に寄っているのをイメージしながら行う。

開いて
1秒
キープ

20回
×
2セット

準備　股関節を125度にして横向きに寝る

膝は90度をキープしたまま、太ももを下げる。

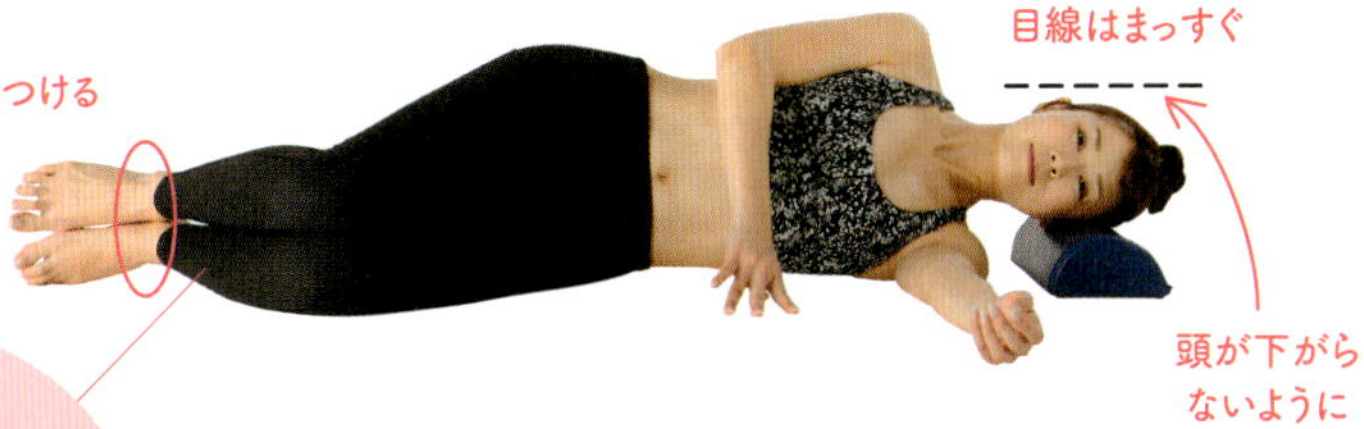

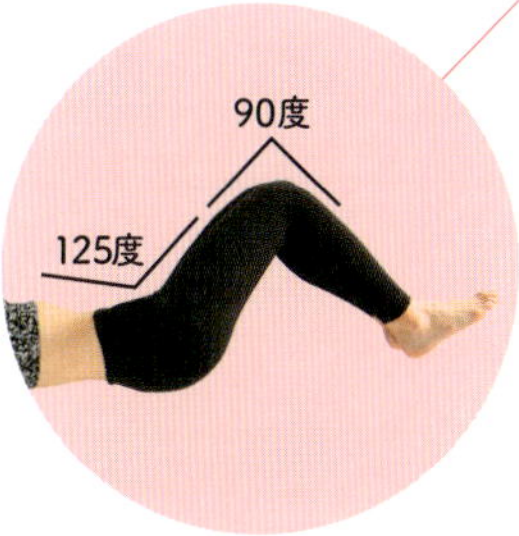

POINT

お尻とかかとが一直線になるようにしよう。

かかとをくっつけたまま膝を開く

開いて1秒キープ

20回×2セット

膝は開けるところまでで1秒キープしてから下ろす。
その時、ストンと下ろさない。

背骨が反りすぎている

お腹を突き出すような姿勢はNG。立った時と同じ正しい姿勢を意識しよう。

Column 2

正しい姿勢を身につけて一生続ける

この方は何歳に見えますか? 私が教えている74歳のお客様です。年齢を重ねていくと筋力も低下し、キレイな姿勢をキープすることが難しくなってきます。背骨が曲がっていき猫背になったり、出産で脚が外側に広がっていき、内もものたるみが気になったり…。さらに年齢を重ねていくと、膝が外側に広がるためにペタペタ歩きになり、膝や腰に負担がかかり痛めてしまうリスクがあります。

では、なぜこのお客様がこれだけキレイに立てているのか? それは自分の重心がどこにあるのかがわかっているから。重力に押し潰されないように、逆らうための意識の仕方がわかっているからです。地球上に住んでいる限りは、重力はみんなにかかっているので、意識の仕方一つでいくつになっても身体は変えられるということなのです。

食事制限ではなく
どう食べるか

Chapter 3

「食」の工夫で効果を最大限に引き出す

大事なのは、食べる量ではなく、
何をどう食べるか。
ナベタツ式食べ方のコツを
紹介します。

脚からやせる
食べ方

1

食事の回数を増やしてキレイになる

皆さんは朝ごはんをしっかり食べていますか？

朝は食欲がないから、何も食べない。もしくはコーヒーで終わりという方が多いのではないでしょうか？ 朝ごはんを食べることは、一日のエネルギーを補給するだけでなく、体温を上げたり代謝を上げたりする役割を担っています。

やせたかったら、1日に食べる量を3～5回に分けましょう。理由は、食べた後の消化による体温と代謝をアップさせるという狙いがあるからです。朝ごはんを食べられない人は、前日の夜ごはんが遅い時間だったり、量を食べすぎたりしていると思います。私は朝ごはんをしっかり食べたいから、夜ごはんを食べる時間に合わせて、食べるものや量を変えています。

Study

夜ごはんの食べ方

**夜ごはんは食べる時間によって食べるものや量を調整します。
0時に寝る場合の時間別の食べ方を紹介します。**

18:00まで

一汁三菜のバランスの良い食事を心がけています。ごはんは80g、肉や魚は100g以上、副菜はマゴワヤサシイ（P73）でバランス良く。

19:00まで

おかずは18時までに食べる場合と同じく一汁三菜のバランスで食べますが、ごはんを40gにする、もしくはなしに。

20:00まで

ごはんはなしにするため、肉や魚（100g）と副菜の味つけを薄くして、いつもよりたくさん噛むようにします。

21:00以降

翌日の朝に、胃腸がすっきりした状態で朝ごはんを食べたいと思えるような量を食べましょう。人それぞれ消化能力に違いがありますが、私はそこまで強くないので、ササミサラダのみ。

脚からやせる
食べ方

2

やせたいから ごはんの量を減らす?

「ごはん（白米）を減らし、運動量を増やしてやせよう！」

この考え方では、確実にダイエットは失敗します。必要な栄養素も一緒に減らしてしまい、運動によって栄養素も消費され、キレイにやせません。そこで、次のような考え方にしてみてはいかがでしょうか。「いろいろな栄養素をバランス良くたくさん食べるために、ごはんを減らす」。身体の内側からキレイにやせるためには、タンパク質、ビタミン、ミネラルなどを摂取しないといけません。それらを摂取するためにおかずの量を増やし、ごはんを今までの量から変えなければ、摂取カロリーは増えてしまい、太ります。

そこでおかずをたくさん食べるために、ごはんを少し減らすという考え方に変える。この考え方だとポジティブな考え方になるため、ずっと続けられるし、代謝の上がるやせやすい体質に変わります。

脚からやせる
食べ方
3

納豆は最高の副菜

食材を発酵させる善玉菌と腐敗させる悪玉菌。日本に古来からある発酵させた調味料や食べ物は、しょう油やみそ、納豆などを含めてたくさんありますね。発酵食品を食べることで、腸内環境を酸性化させ、整腸作用を高めてくれます。特に納豆菌は熱に強く、腸内でも発酵が続くと言われています。

納豆に含まれる大豆イソフラボンは女性ホルモンの一つであるエストロゲンの代わりになり、摂取すると肌や髪をツヤツヤにしたり、バストアップしたり、女性らしい身体を作る効果があると言われています。

それを聞くと大豆製品をたくさん摂らなきゃと思いがちなのですが…過剰摂取によりホルモンバランスが崩れ、逆に下半身太りになったり、リスクが高まる疾患もありますので、何事もやりすぎずにほどほどに。

脚からやせる
食べ方
4

コンビニで食べるならコレ

コンビニごはんをするなら何を選びますかと聞いたら、「サラダチキン!!」と予想されたのではないでしょうか？

タンパク質と考えると間違いないのですが…。小さい頃からコンビニやスーパーのおそうざいをほとんど食べてこなかった私はどうも苦手です。それは保存が効くようにしたり、うま味が増すように加工するため、糖質、脂質、塩分、添加物が多くなるため身体に合わないんでしょうね…。

そんな私がコンビニにあるもので食べるとしたら、まず初めに商品の表示ラベルを見るようにしています。内容物に添加物が少なく、タンパク質が多いものを選ぶようにしています。

Study

コンビニで食べるものベスト3

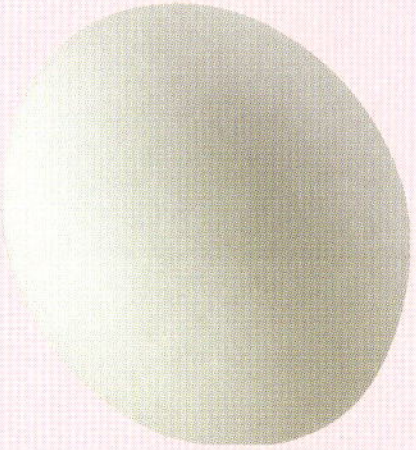

1位　ゆで卵

原材料が鶏卵・塩のみのゆで卵はランチのちょい足し、お腹が減ったときの間食におすすめです。タンパク質5.8g

2位　納豆巻き

他のおにぎりの炭水化物約40gに比べ、納豆巻きは33.9gと少なめな上、添加物がほとんど入っていません。タンパク質5.5g

3位　サバ缶

サバに含まれるEPAは、やせホルモン（GLP-1）の分泌を促進し、脂質や糖質の代謝や食欲を抑える働きがあると言われています。みそ煮はそのまま、水煮はポン酢やオリーブオイルをかけて食べます。タンパク質約30g

脚からやせる食べ方

5

栄養不足からやせにくい身体に

体重が増えるのが嫌で、ごはんを抜いたり、カロリーを気にしてプロテインドリンクだけにしたりしていませんか？

または、ヘルシーと思って春雨スープやサラダと品数が少ない食事になっていませんか？

食費を節約している方は、おにぎりやパン、麺類などで空腹を満たしている方が多いのではないでしょうか？


身体を内側からキレイにするには、カロリーを気にするより必要な栄養素（タンパク質、ビタミンなど）を意識して食べなくてはいけません。タンパク質は、身体を構成している筋肉、皮膚、髪など女性にとって大切な部位の原料となります。特に筋肉は基礎代謝の約2割をしめるため、タンパク質の摂取量が減ると筋肉がどんどん分解されて、太りやすい体質になってしまいます。

脚からやせる
食べ方

6

加工食品は極力避ける

「食べたもので身体はできている」
「質の低い女性にならないでね」

身体が内側からキレイになるように、スタジオへ来るお客様にアドバイスしています。気をつけたいのは加工食品などに含まれる添加物です。色や見た目を良くし、長持ちさせて保存期間を延ばし、旨みやコクを出すためなどに使われています。

何より、知らないうちに糖分・脂質・塩分をたくさん摂取している可能性が高いのです。

加工食品の塩分過多や添加物により、消化器官や肝臓機能に負担がかかり、水分代謝が上手くできなくなり、むくんで下半身太りの原因となります。

キレイになるための近道はありません。便利なことを求めると、実はキレイから遠ざかっていくのです。

脚からやせる
食べ方
7

内側からやせ体質を作る バランスの良い食事とは?

身体の内側からキレイにするには、必要な栄養素（タンパク質、ビタミンなど）をバランス良く食べることが重要です。

バランスの良い食事は、昔から一汁三菜（ごはん、主菜、副菜2品、汁物）と言われています。ですが、欧米の食文化が入ってきて、バランスが崩れてきているのも、太りやすくなる原因となっています。

バランスが良いとされている本来の主菜は、魚や肉などのタンパク質を中心としたもの。副菜は、野菜、いも、豆、きのこ、海藻などでビタミンやミネラル、食物繊維がたっぷり摂れます。

身体の原料となるタンパク質を最大限に引き出すには、「マゴワヤサシイ」を考えながら副菜を選択していくことをおすすめします。

Study

取り入れたい7品目

- **マ**　大豆、小豆、豆腐、納豆、みそ、豆乳などの豆製品
- **ゴ**　ゴマなどの種子類。アーモンド、くるみ、ナッツなども
- **ワ**　ワカメ、ヒジキ、海苔、もずく、昆布などの海藻類
- **ヤ**　野菜類。色の濃い緑黄色野菜は特に栄養素が多い
- **サ**　EPAやDHAが豊富に含まれるサバやサンマなどの青魚
- **シ**　しいたけ、エリンギ、まいたけ、えのきたけ、きくらげなどのきのこ類
- **イ**　やまいも、さつまいも、里いもなどのいも類

Column 3

3食意識して摂りたいタンパク質

朝は納豆と卵かけごはん、昼はお弁当にお肉と卵は必ず。夜も必ずお肉。といったように、3食必ずお肉や卵でタンパク質を摂るようにしています。エクササイズをしている時は、身体に取り入れたいタンパク質は体重×1.5g。とはいっても、鶏肉100gから摂れるタンパク質はたったの20g。そう考えると、毎食マストで摂らないと足りないですね。

私の場合は、夜遅くなった食事の時は白米の量を減らしますが、タンパク質であるお肉の量はそのままキープします。お肉の中でも鶏肉の方が消化が良いので、ササミや鶏むね肉をよく食べるようにしています。また、タンパク質不足は、顔がむくんだり髪の毛がパサパサとした状態になったりします。意識して取り入れることで、見た目の変化も感じられるはずです。

鶏むね肉のカオマンガイです。20時を過ぎて食べる場合はご飯の量を減らします。

お弁当は栄養士の妻が作ってくれます。タンパク質は常に2〜3種イン。

残業の時は、夜用のサラダ弁当を持参。ササミとゆで卵でタンパク質を補給。

プラスαで
もっとやせ効率を
上げる！

Chapter 4

全身シルエットが激変！
パーツ別
エクササイズ

3つのエクササイズに
プラスαで組み込みたい
パーツ別のエクササイズを紹介します。

パーツ別エクササイズは
マッサージ
Massage
と
トレーニング
Training

何度もお伝えしていますが、日常生活こそがエクササイズです。自分の身体を意識できるようになった人から変わっていきます。そこで、身体の内側をより意識できるように3エクササイズに加えてパーツ別のエクササイズを用意しました。10のパーツ別エクササイズのうち4つはマッサージです。マッサージで日頃からクセになっている重心の傾きをリセットし、トレーニングで引き締めます。疲れてトレーニングができない日は4つのマッサージだけでもＯＫです。効果的なのは、マッサージ⇩3エクササイズ⇩トレーニングの順です。

パーツ別エクササイズの活用法

1

3エクササイズの効果をより引き出すなら
マッサージをプラス

- マッサージ（P78・80・82・83）
- ←
- 1 コンディショニングエクササイズ（P50〜53）
- ←
- 2 コンディショニングエクササイズ（P54〜57）
- ←
- 3 コンディショニングエクササイズ（P58〜61）

2

3エクササイズに慣れてきたら
ストレッチと**トレーニング**を加えましょう

- マッサージ（P78・80・82・83）
- ←
- 3 2 1 コンディショニングエクササイズ（P50〜61）
- ←
- 太もものトレーニング（P86・92・96）
- ←
- お尻のトレーニング（P88・90・94）

3

疲れていたり、体調がイマイチな時は
マッサージだけでもOK

マッサージ

1　太もも前側の張りを取る

トータル
約1分

お腹を突き出した姿勢のように、太ももの前側を使いやすい姿勢や
動き方のクセがある人は、太ももの前側がパンパンに張ってしまいます。
使いすぎている太ももの前側をゆるめることで、重心もリセットされます。

CHECK!

こんな人におすすめ

- □ 太ももの前側の張りが気になる人
- □ お腹を突き出す姿勢をしてしまう人
- □ 階段を上る時に太ももの前側がパンパンになる人

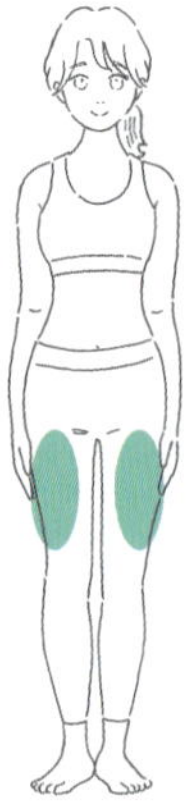

1. 太ももの前側をゆるめる

上下に
15回

ストレッチポールに太ももをのせ、ひじで支えながら、
上下に身体を揺らし太ももの前側をゆるめる。

目線は斜め前
足は腰幅に
開く
上にストレッチポールを
転がす

⇩

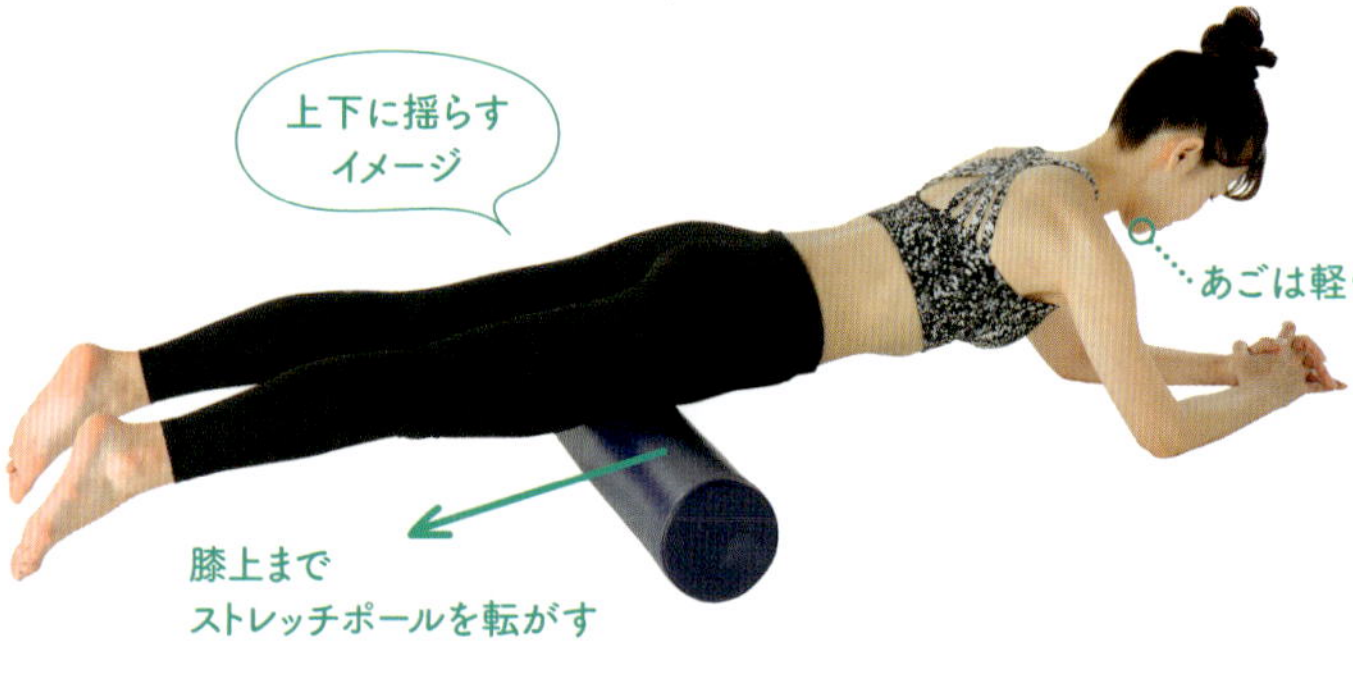
上下に揺らす
イメージ
あごは軽く引く
膝上まで
ストレッチポールを転がす

2. 太ももの内側と外側をゆるめる

左右交互に倒す
10回

膝を90度に曲げ、左右に倒す。
お腹や上体を安定させながら、脚のみを動かすイメージ。

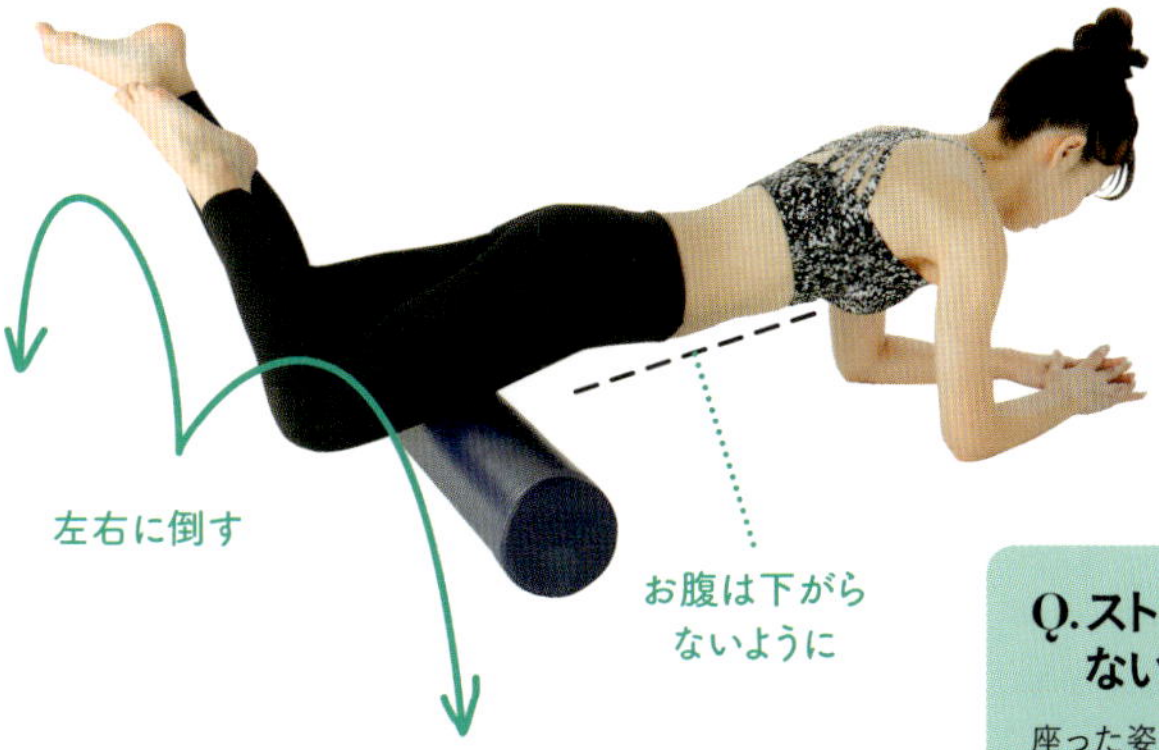

Q. ストレッチポールがない場合は？

座った姿勢で、サランラップの芯やペットボトルなどで太ももの前側をコロコロしましょう。

マッサージ

2 太もも外側の張りを取る

トータル
約1分

立った時に片脚に体重をかける休めの姿勢や内股のクセがある人は、
太ももの外側がパンパンになり、お尻と太ももの境目が曖昧になってしまいます。
太ももの外側をゆるめることで横に広がった太ももとお尻を引き締めます。

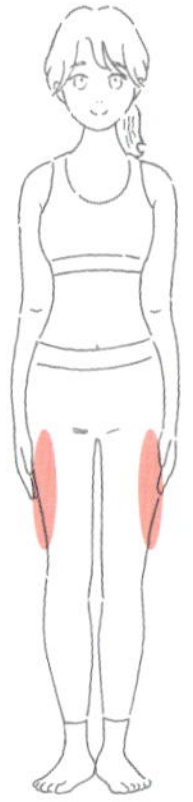

CHECK!

こんな人におすすめ

- □ 太ももとお尻が外側に広がっている人
- □ 太ももとお尻の境目がない人
- □ 内股の人

準備 片脚をストレッチポールにのせる

太ももの外側をストレッチポールにのせて、脚を浮かせる。
もう片方の脚は床につける。

太もも外側をゆるめる

上下に 15回 × 左右 2セット

ストレッチポールは常に太ももの外側から離れないように、
脚のつけ根から膝までをコロコロと移動させながら
太ももの外側を伸ばす。

NG!
骨盤と肩が
前に傾いている
目線が下がっている

上体が倒れている

目線や肩が前に行ってしまうと、骨盤も前に傾いてしまう。

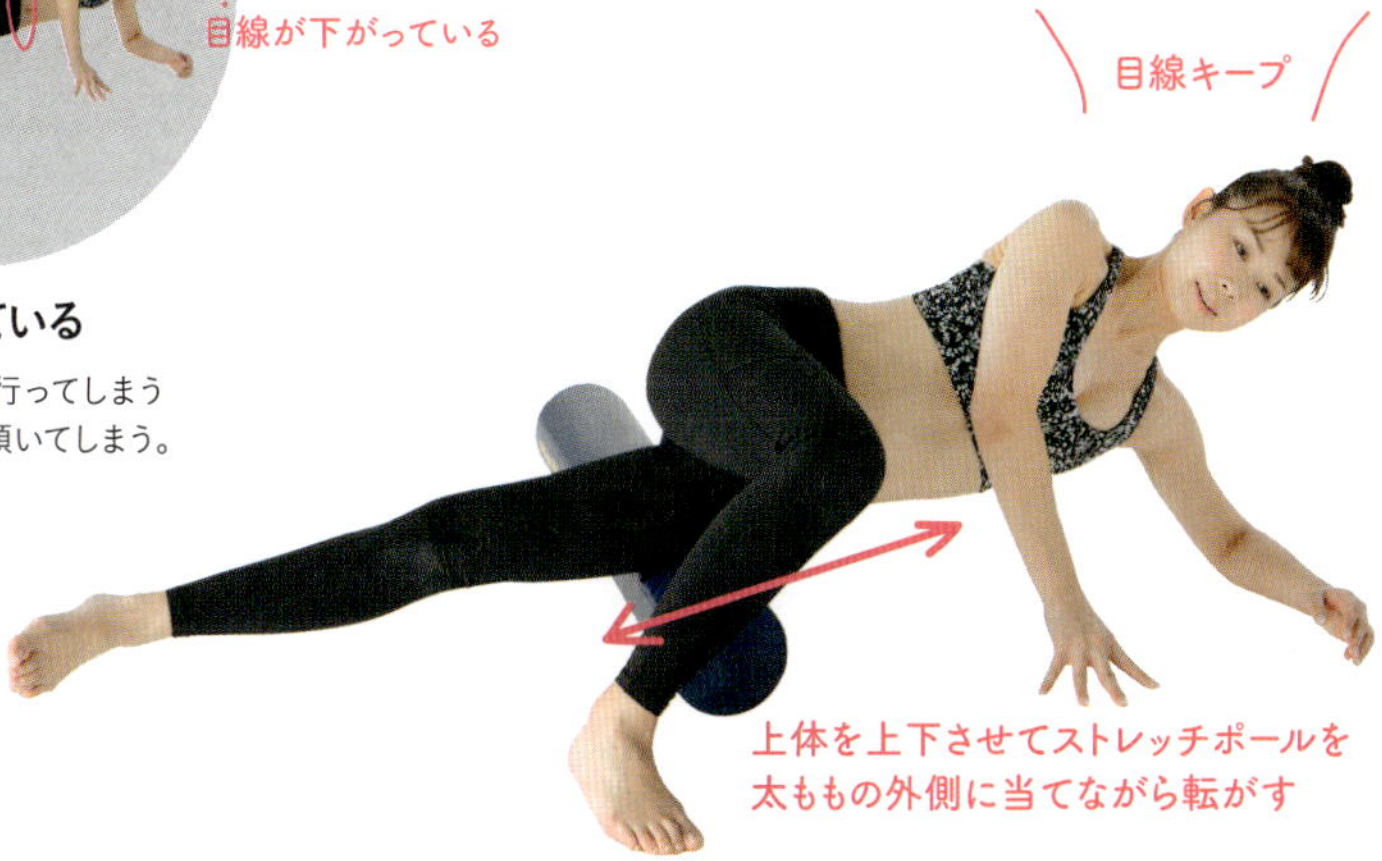
目線キープ
上体を上下させてストレッチポールを
太ももの外側に当てながら転がす

POINT

慣れてきたら両脚をのせて上下に動かす

目線はまっすぐ
をキープ
上下に動かしてゆるめる
片脚ずつのせるとスムーズ

マッサージ

3 ふくらはぎを細くする

トータル
約30秒

ふくらはぎは第2の心臓と言われているくらい、とても重要な部分です。
現代の人に多いペタペタ歩きをしていると、ふくらはぎを酷使し、
パンパンになり硬くなってしまうので、伸ばして柔軟にしていきましょう。

CHECK!
こんなん人におすすめ
- □ ふくらはぎがパンパンで気になる人
- □ ペタペタ歩きの人
- □ ヒールを履くことが多い人

ふくらはぎを全体的にゆるめる

左右に倒す15回

ストレッチポールに両脚のふくらはぎをのせて、脚を左右に倒しながらふくらはぎをゆるめる。

⇩

マッサージ

4 脚全体のむくみを取る

トータル
約3分

血液を心臓のポンプで流すように、リンパを流すためには、筋肉のポンプを利用して流すことが大切です。ヒールを履いた日、立ち姿勢が長かった日など、その日の疲労やむくみはその日のうちにリセットすることが美脚の秘訣です。

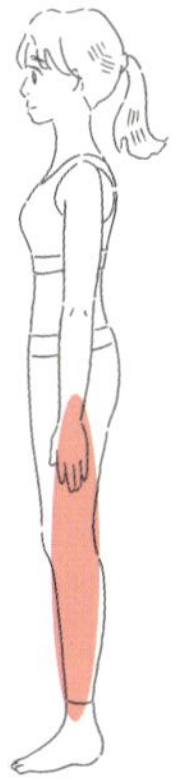

CHECK!

こんな人におすすめ

- □ デスクワークや販売員など、同じ姿勢でいる時間の長い人
- □ むくみが気になる人
- □ 脚を動かすのが重く感じる人

1. そけい部のリンパを刺激する

脚のつけ根（そけい部）を親指で押しながら、少しずつ位置をずらしてリンパを刺激する。

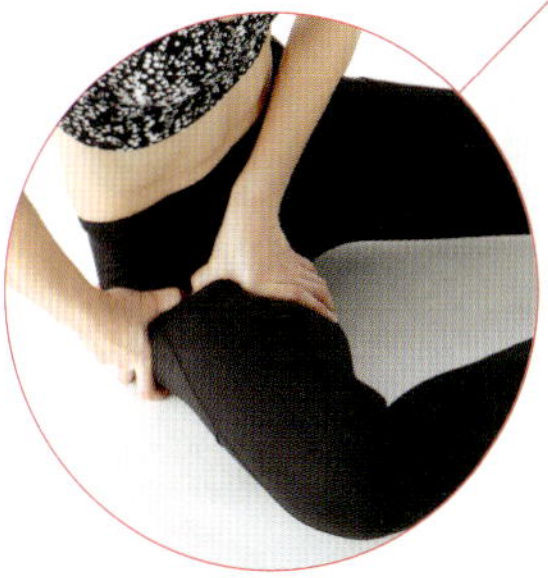

POINT

両親指を使って押す。
自分が楽だと感じる姿勢で行ってOK。

※右足1～5、左足1～5の順に行う

左右のつけ根
1回ずつ

2. くるぶしをUの字にプッシュする

片足ずつ
1回

くるぶしの下側をUの字を描くように、少しずつ指をずらしながら押して
リンパを刺激する。

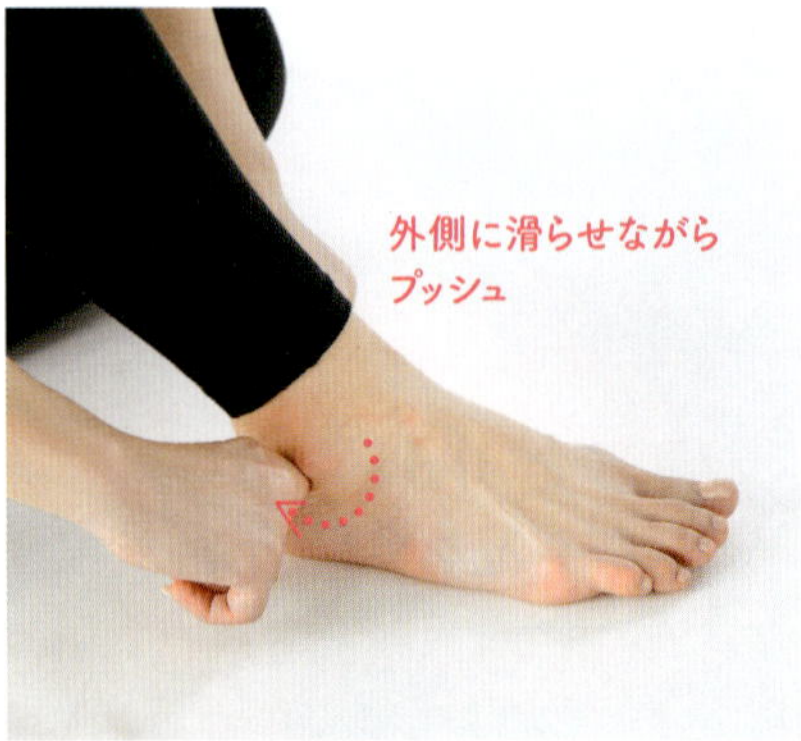
外側に滑らせながら
プッシュ

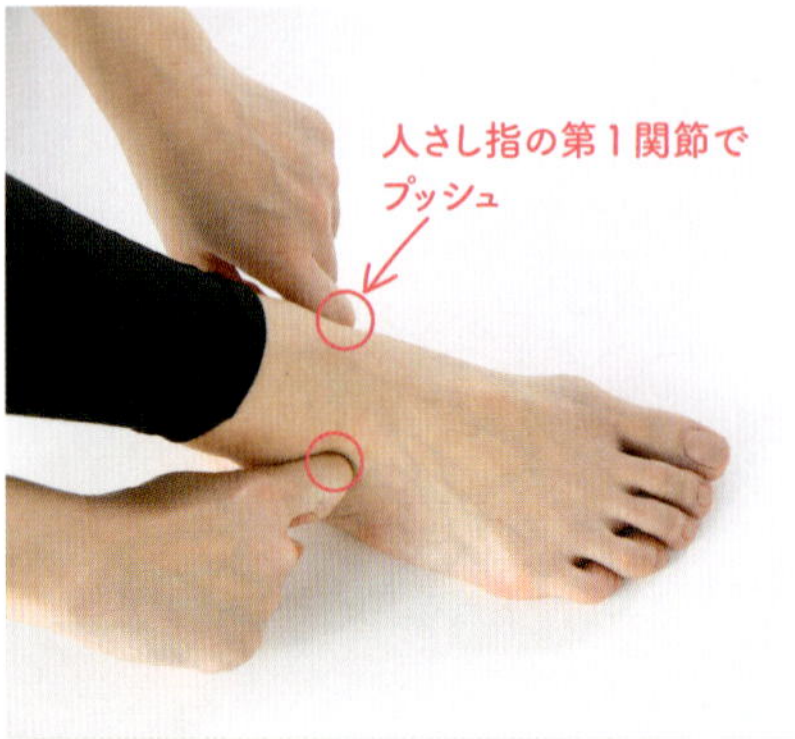
人さし指の第1関節で
プッシュ

3. ふくらはぎの裏をプッシュする

足首から膝裏まで
片足ずつ
10回

足首から少しずつ指をずらしながら膝裏まで押していく。

親指で押しながら
少しずつ足首までずらす

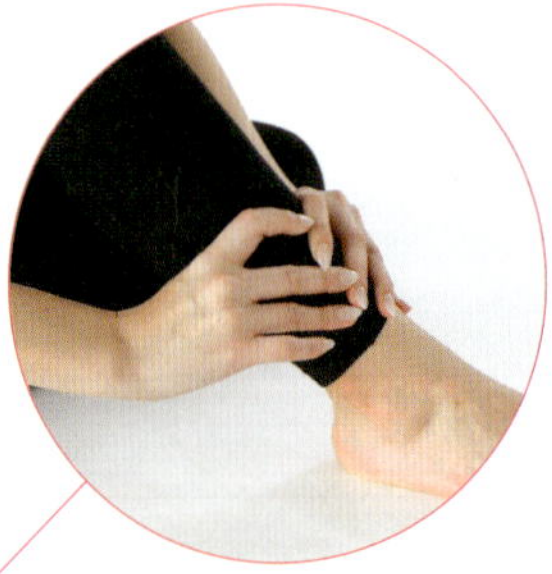

POINT

両手の親指を使うことで
刺激しやすくなり、むく
みが取れやすくなる。

4. 足を上下に動かす

片足ずつ
10回

膝を立てて座り、親指で膝裏のリンパを押して
刺激しながら、つま先を上下に動かす。

かかとをつけて
つま先を上げ下げ

POINT

かかとは床につけた
状態をキープ。

5. 膝を曲げ伸ばしする

片足ずつ
10回

親指で膝裏のリンパを押したまま、膝を曲げ伸ばしする。

膝のラインまで
下ろす

目線は斜め前
片足ずつ
上下に上げ下げ

太ももの
トレーニング

5 内ももの筋肉を鍛える

トータル
約 3 分

片脚に体重をかける休め姿勢をよくしている人は、太ももの外側の筋肉やじん帯に頼った立ち方となり、内ももの筋肉が使えない状態となります。また、内ももの筋肉が弱いと歩幅は狭くなり、太ももは太くなりやすいのです。

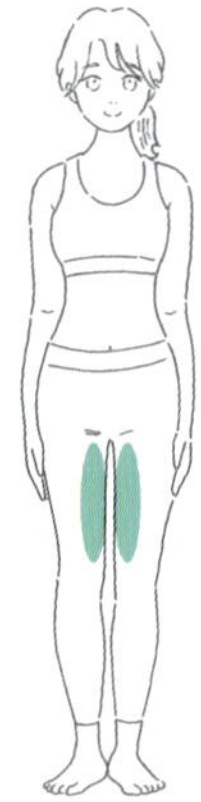

CHECK!

こんな人におすすめ

- □ 太ももの外側の張りが気になる人
- □ 内もものたるみが気になる人
- □ 片脚に体重をかける休め姿勢をよくする人

準備 片脚をストレッチポールにのせる

頭が下がらないように腕枕またはクッションで頭の位置を固定する。

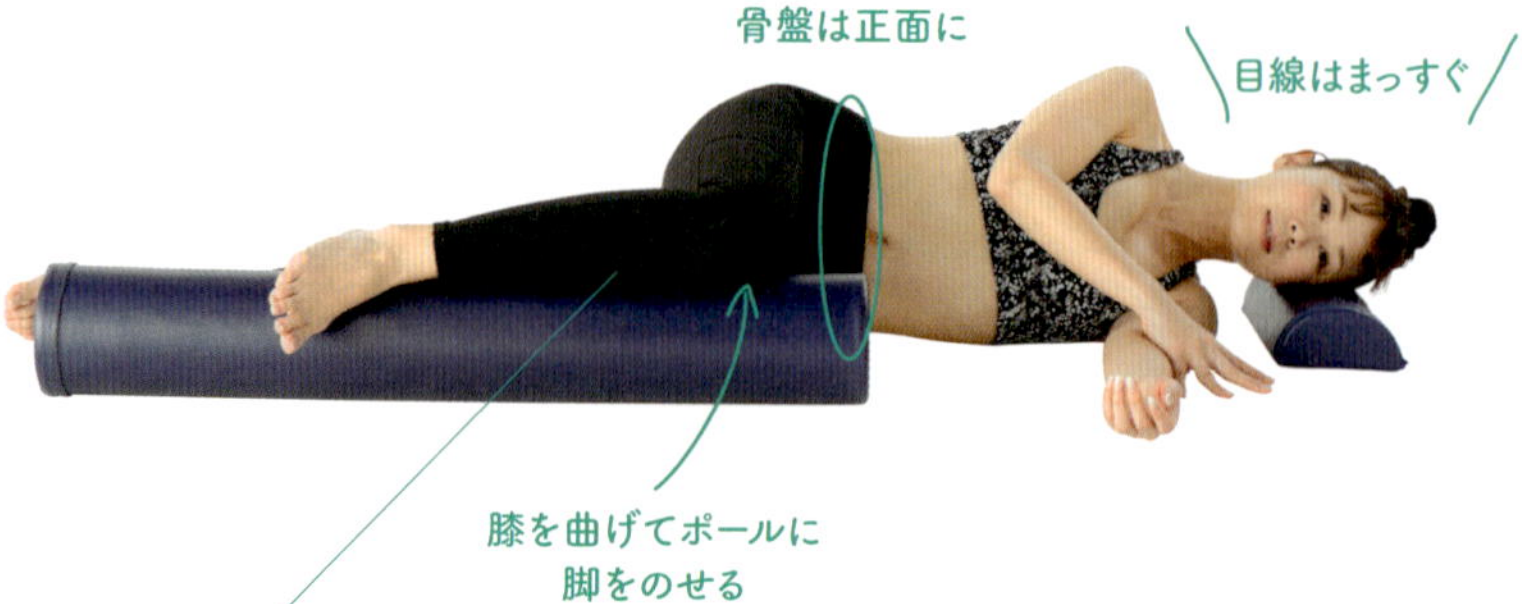
骨盤は正面に
目線はまっすぐ
膝を曲げてポールに
脚をのせる

POINT

ストレッチポールがなければ
バスタオルまたはヨガマット
でも代用可能。

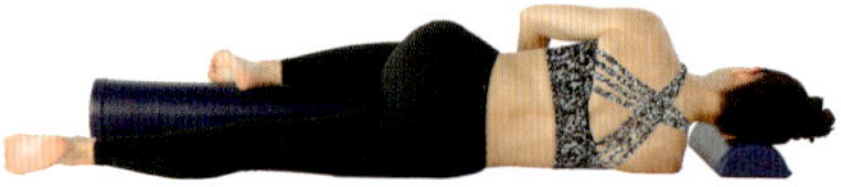

BACK

逆の脚はまっすぐに伸ばし、
床についている状態。

床につけずに上げ下げする

片脚ずつ 20回 × 2セット

床につけた脚を浮かせ、床につかないように
上げ下げを行う。

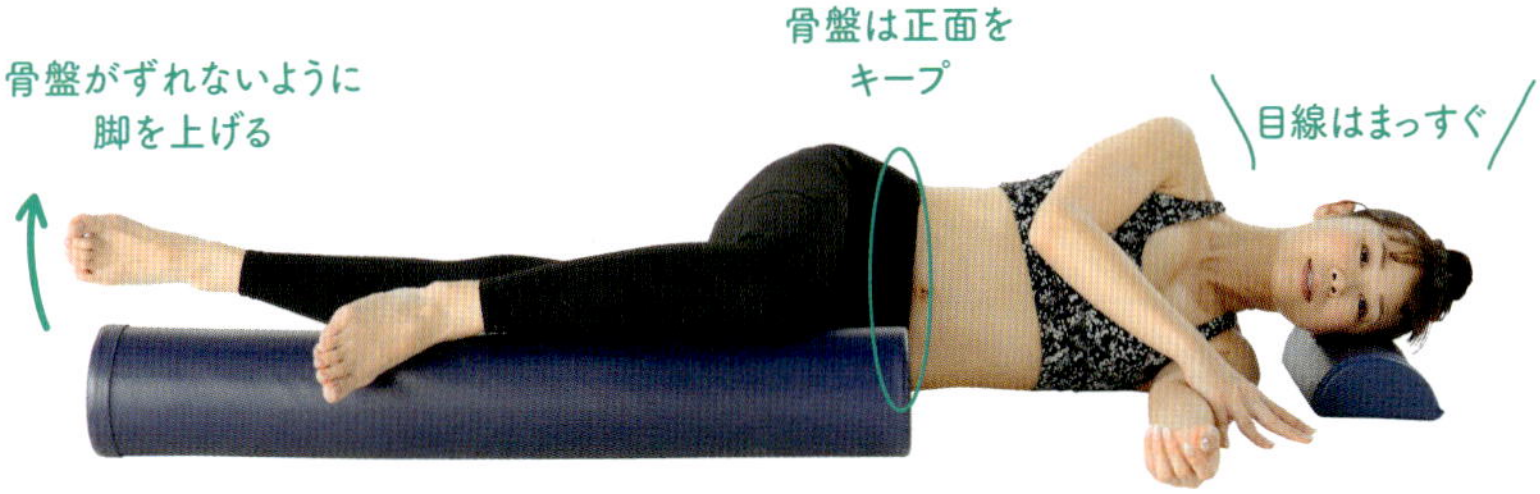
骨盤がずれないように
脚を上げる
骨盤は正面を
キープ
目線はまっすぐ

⇩

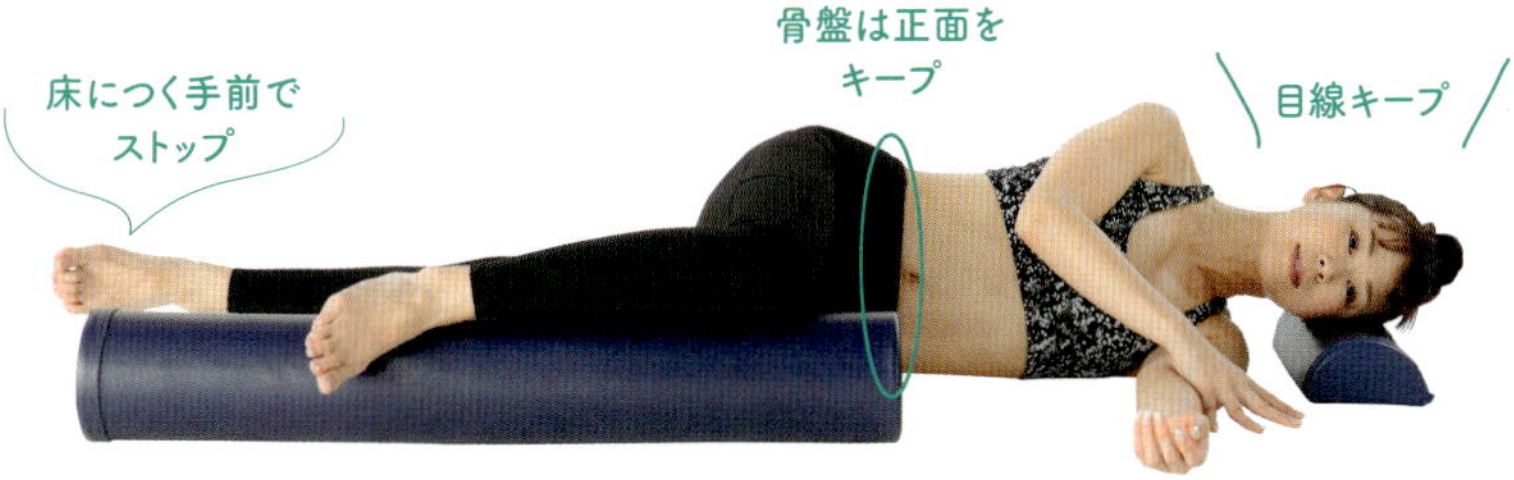
床につく手前で
ストップ
骨盤は正面を
キープ
目線キープ

NG!
骨盤が
傾いている
脚を上げすぎ

脚を上げすぎると骨盤が傾く

脚を上げすぎるとバランスを崩しやすいので注意。ストレッチポールから出るか出ないかぐらいがちょうど良い。

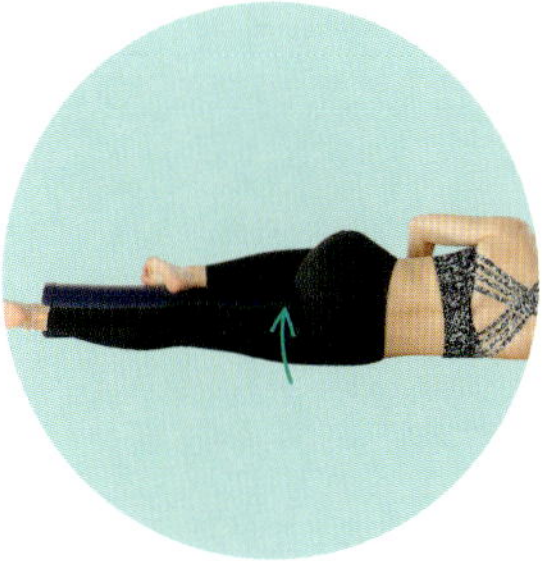

POINT

脚を上げることで、内ももが引き上がるイメージ。反対のお尻は中心に寄せるイメージ。

お尻の
トレーニング

6 お尻をプリッと引き上げる

トータル
約2分

階段や中腰などの動きの時にしっかり股関節を使えないと、
腰が曲がった猫背になり太ももの前側を酷使することに。股関節を
しっかりさせることで、見た目だけでなく動きもキレイにしていきましょう。

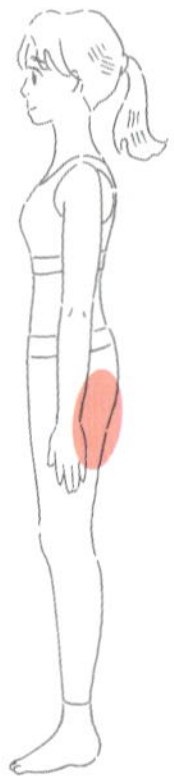

CHECK!

こんな人におすすめ

- □ 階段を上る時に太ももの前側がパンパンになる人
- □ 中腰の姿勢をすると腰が痛い人
- □ お腹を突き出す姿勢をしてしまう人

上体を倒してもも裏を伸ばす

片脚ずつ15回 × 2セット

片脚を上げた姿勢から前に傾けて、お尻をストレッチ。
手でお尻を触ることでより意識がしやすくなる。

目線は
まっすぐ
お尻を持ち上げる
ようにつかむ
脚は
上げておく
1秒キープ
お尻を使っている
感覚を意識
目線は斜め前
もも裏が伸びている
のを意識

NG!

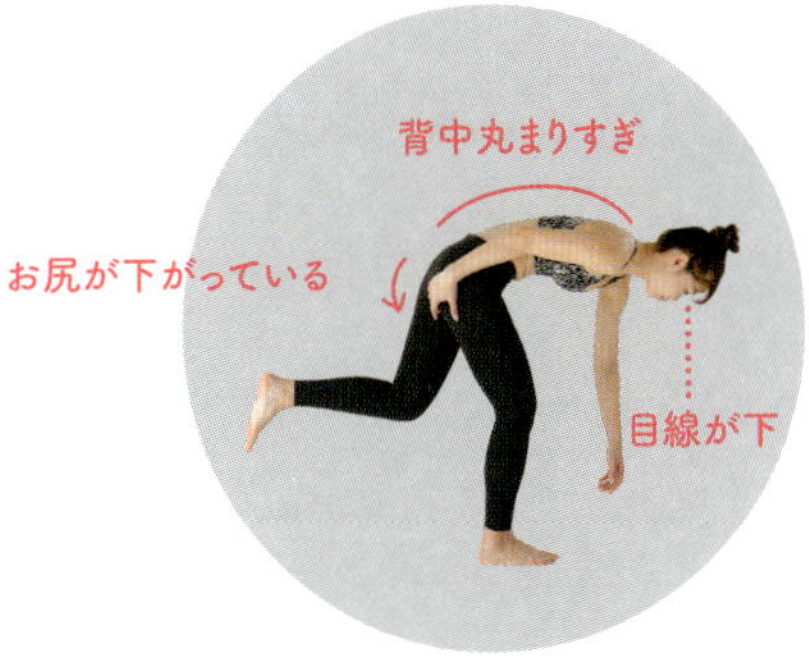

全体的に丸まりすぎ

背中が丸くなるとお尻が下がるため、お尻が鍛えられない状態に。背中と目線はいつもまっすぐと心得て。

POINT

グラグラする人は テーブルや壁に手をついて

片脚立ちでバランスが取りにくい人は、あらかじめテーブルや壁に手をついてから片脚立ちをするとやりやすい。

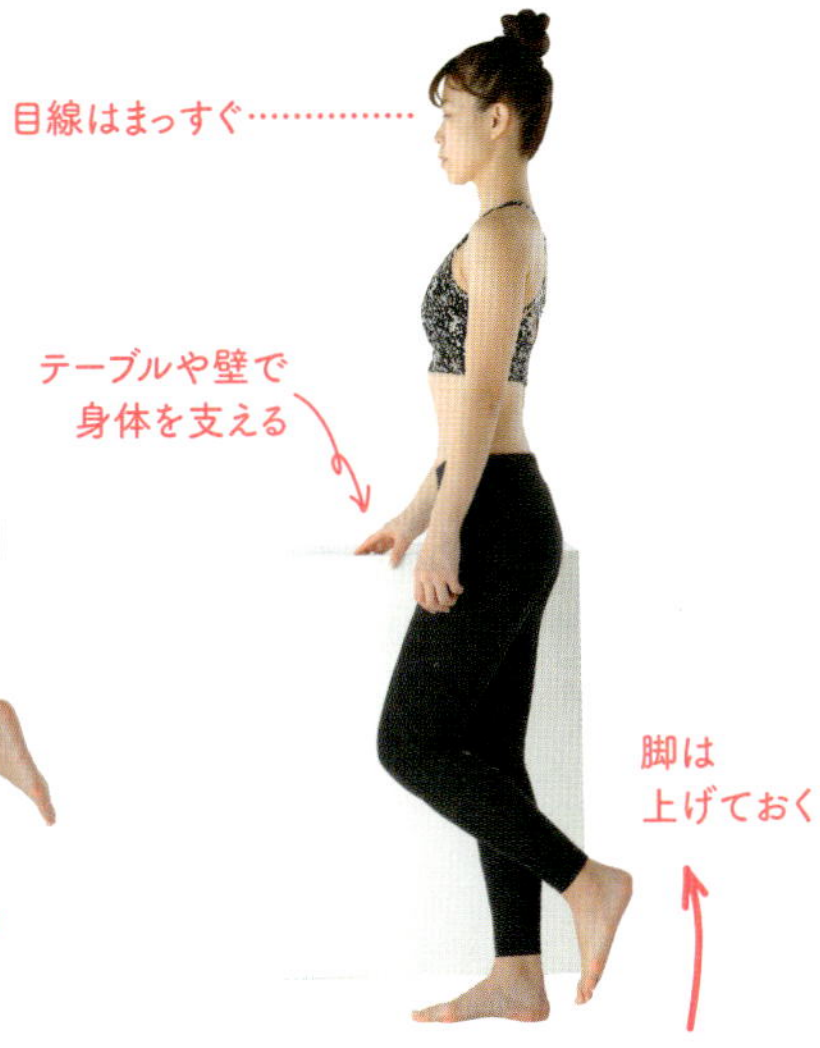

お尻の
トレーニング

7 お尻のカタチをキレイにする

トータル
約3分

ワイドスクワットと呼ばれる動きで、間違ったやり方をしている人が多いエクササイズの一つ。膝とお尻の動くタイミングを一緒にすることで、お尻にしっかりとアプローチできるようになります。

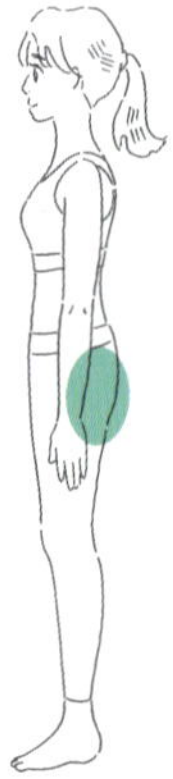

CHECK!

こんな人におすすめ

- □ スクワットの時、太ももの前側をメインで使う人
- □ 重心が前に来がちな人
- □ お尻が垂れているのが気になる人

準備 つま先を外に開く

まず大事なのは最初の姿勢。手の指先を股関節に置き、骨盤がまっすぐになっているのを意識しよう。

POINT

足幅がどれくらいかわからない人は、すねが床と垂直になると良い。

目線はまっすぐ
指は股関節
つま先と膝は
同じ方向
45度外側に開く

SIDE

ワイドスクワットをする

15回 × 2セット

手の指を脚のつけ根に当てて、小指を挟むイメージで、
膝とお尻を同じタイミングで下げていく。

目線は斜め前
指をつけ根で
挟む

SIDE
膝とお尻が動く
タイミングを同じにする

NG!
背中が丸まっている
目線が下
お尻が
下がっている

膝を意識しすぎ

「つま先から膝が出ないように」と意識すると、目線は下がり、お尻も下がりがち。太ももを鍛えるパターンに。P54のコンディショニングを行うとフォームがキレイになる。

太ももの
トレーニング

8 太ももの後ろ側を引き締める

トータル
約 5 分

日常生活の中で、椅子に座る姿勢が多く、なかなか脚を後ろに蹴り出す動きが少ないため、股関節が硬くなってしまいます。それにより太ももの裏側の筋肉が使いにくく、ペタペタ歩きとなり、太ももの前側やふくらはぎは太くなります。

CHECK!

こんな人におすすめ

- □ ペタペタ歩きの人
- □ お尻からふくらはぎのラインをキレイにしたい人
- □ デスクワークなど座っている時間の長い人

準備 四つんばいの姿勢になる

お腹がぽっこり下がってしまうと腰が反りやすくなるので
注意しよう。

頭はまっすぐ
脚は全部くっつける
お腹は
ぽっこりさせない

脚を持ち上げる

片脚ずつ
20回
×
2セット

股関節から蹴り上げるイメージで
脚を上げるのを、片脚ずつ繰り返す。

お尻は
引き上がるイメージ
股関節から
持ち上げるイメージ
頭はまっすぐ
お腹は
ぽっこりさせない

NG!

**骨盤が斜めに
傾いている**

脚を頑張って上げようとすると、骨盤が外に開いてしまう。

NG!

上体が斜めに寝ている

脚に力を入れすぎて、上体の力が抜けている状態に。背骨と頭は一直線になるように意識しよう。

お尻の
トレーニング

9 お尻と太ももに境目を作る

トータル
約3分

良い姿勢を保つためには、太ももの裏側やお尻の筋肉が必要不可欠です。

姿勢が悪いと柔軟性の低下などの影響で、力が発揮しにくくなります。

お尻のコンディショニング（P58）を行ってから、このエクササイズを行うと効果倍増。

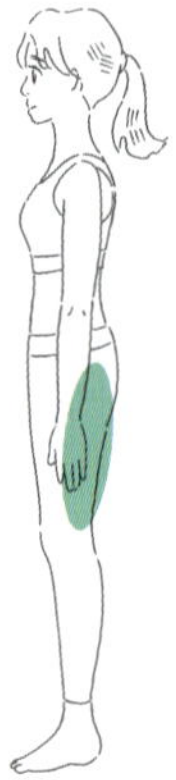

CHECK!

こんな人におすすめ

- □ お尻のたるみが気になる人
- □ 猫背の姿勢をしてしまう人
- □ お尻から太もものラインをキレイにしたい人

準備 うつ伏せに寝る

猫背にならないように、ひじを開いて
おでこを腕の上にのせてうつ伏せになる。

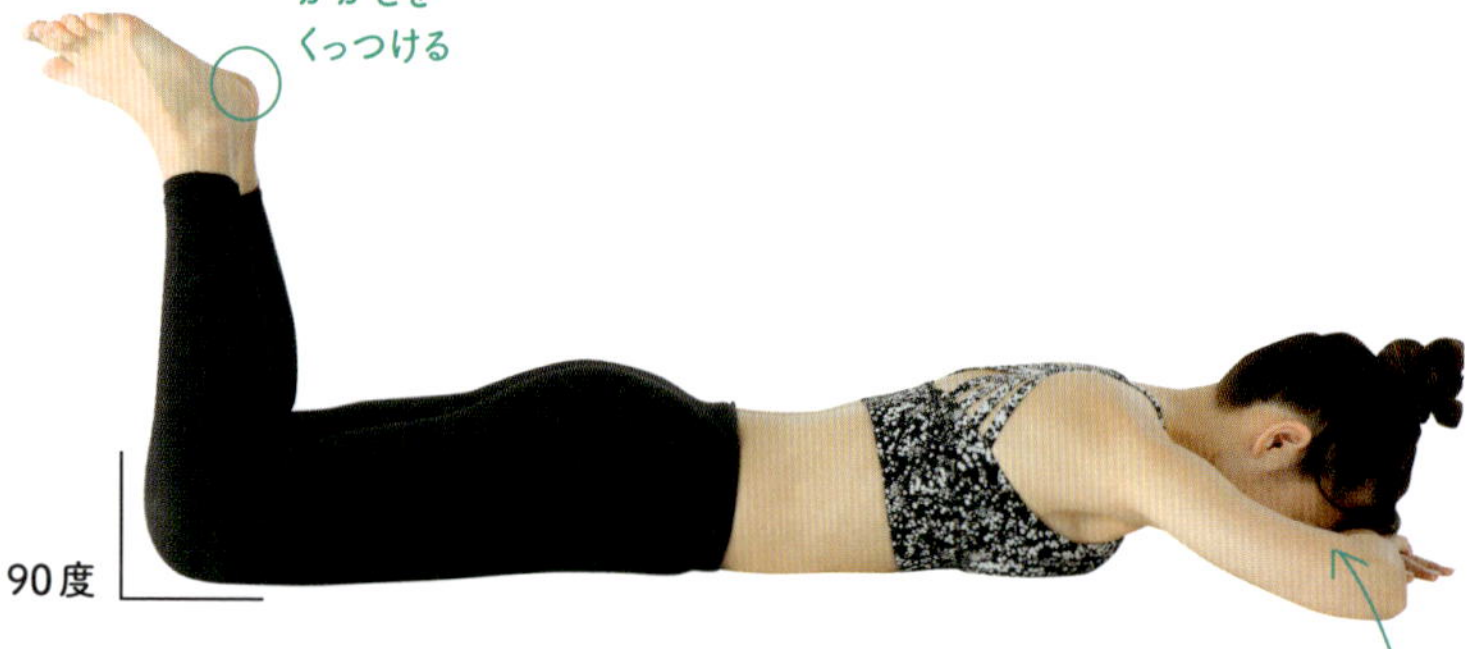

POINT

膝とつま先は同じ角度に開き、かかとをくっつけたままキープ。

脚を持ち上げる

3秒キープ 10回 × 2セット

膝を少しだけ浮かせる。この時、お腹を引き上げる。
腰に力が入ってしまう人はお腹を引き上げていない証拠。

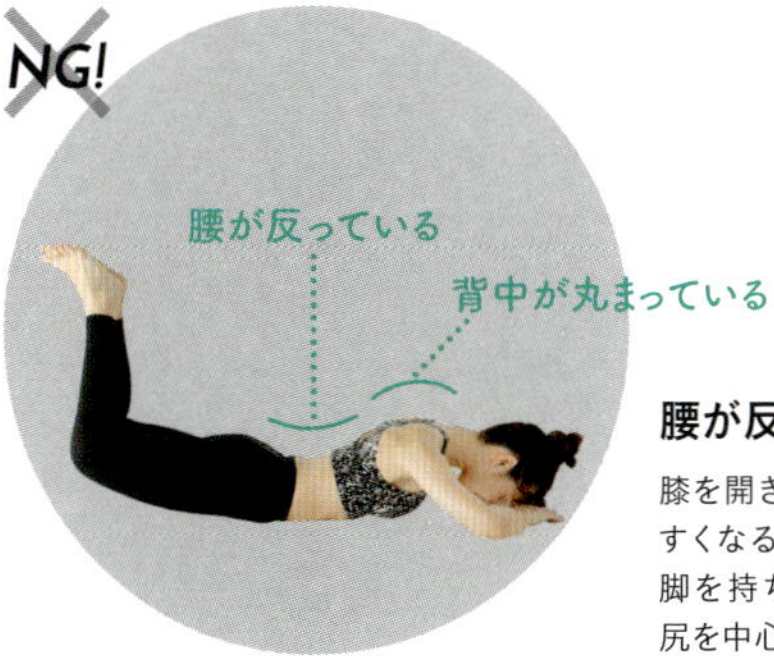

腰が反っている

膝を開きすぎると腰が反りやすくなるので気をつけよう。脚を持ち上げている時はお尻を中心に寄せるイメージを。

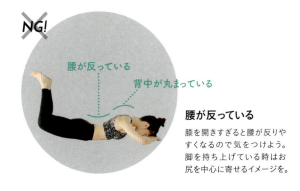

10 太ももを細くする

トータル
約 2 分

お腹を突き出した前重心タイプやペタペタ歩きの方におすすめのエクササイズです。上記の方は、このエクササイズをすると太ももの前側がすごくキツいと思いますが、太ももの前側が細くなる使い方なので大丈夫です。

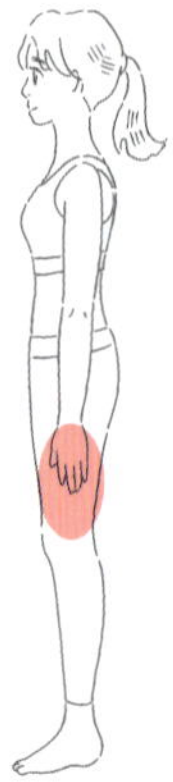

CHECK!

こんな人におすすめ

- □ 太ももの前側の張りが気になる人
- □ 歩幅の小さいペタペタ歩きの人
- □ キレイな脚のラインを手に入れたい人

準備

膝を床について、前後の脚幅をセッティングする

床についた脚と立て膝をついた脚、それぞれを90度に曲げた姿勢を作る。骨盤に手を添えて、骨盤の向きは正面をキープ。

目線まっすぐ
骨盤に
手を添える
90度
90度

アップ→ダウンを繰り返す

左右 15回 × 2セット

準備の状態で作った脚幅をキープしたまま立ち上がり、両膝を曲げて下がるを繰り返す。立ち上がる時は膝がまっすぐ伸びるのを意識し、下がった時は床に膝をつけないようにする。

小指側に重心がのっている

小指に重心がのっているのは内股になっている証拠。内股になると骨盤も開きやすいので要注意。

前足に体重がのる

体制がキツくなると上体が斜めになり、前足に体重がのりやすいので気をつけよう。

骨盤が正面に向いていない

下がる時は正面を向いていても、立ち上がる時に骨盤が傾く人が多い。正面に鏡があるとチェックしやすい。

Column 4

ストレッチポールがあると…？

やせパーツ別エクササイズで登場するストレッチポールは、正しい姿勢に調整するのに欠かせないアイテムです。円すい形で、身体にフィットしやすいのが特徴です。小さいサイズは頭に、大きいサイズは脚に使っていますが、それぞれ代用は可能です。

トレーニング（P86）では、頭の位置を下げないようにストレッチポールを使っています。丸めたタオルやクッション、腕枕などでも、頭を下げないようにできます。

また、脚にストレッチポールを使うストレッチとトレーニング（P78・80・82）は、2重にしたバスタオルを丸めるか、ヨガマットを丸めて代用しましょう。

ストレスフリーで
リバウンド知らず

Chapter 5

心も健康で
脚やせに
成功するコツ

これまでたくさんのお客様
と接してきてわかった
読むだけでやる気が出る
魔法のナベタツ式メソッドをどうぞ。

やせるココロの
作り方

1

やせる＝キレイになるではありません

皆さんは、体形が変わったり、やせるから自分はキレイになると思っていませんか？　実は順番が逆で、**「私はキレイ」という心構え、キレイに見せたいという「美意識」を持ち続けることで、体形は変わっていきます**。

いきなり言われても、自分に自信がないからキレイなんて思えない、と思った方は、まずは身だしなみや身につけているものから、キレイになる準備をしていきましょう。例えば…、

◉髪がパサパサだったり、随分カラーリングをしていない？
◉ムダ毛の処理を怠っていない？
◉ネイルが伸びていたりはげていたりしていない？
◉サイズの合っていない服や、ヨレヨレの服を着ていない？
◉靴が汚かったり、かかとが斜めにすり減ったりしていない？

人があまり気にしないことを意識していくのが美意識を持った人であり、キレイになるための努力を楽しんでいる人だと思います。

《キレイな姿勢とキレイな動きが、キレイなボディラインを創る》

お客様に口すっぱく言っている言葉の一つです。日常生活の所作がキレイな人は、姿勢もキレイだし、ボディラインもキレイな人が多いです。逆に所作がブサイクだと、ボディラインも太くなりたくない部分が太くなり、姿勢もボディラインもブサイクになります。好きな人と話した後に電車で見かけられた時、好きな人が忘れ物を取りに戻って来た時にあなたが猫背だったらどうしますか？

常に見られている意識、私はキレイという心構え、キレイに見せたいという美意識が身体を変える一番のコツです。

やせるココロの作り方

2

身体の内側に意識を向けることが最大の効果

情報がテレビやインターネットで調べられる今、○○ダイエットと放送されると、次の日に○○が売り切れになったり、スクワットがいいと言われれば、皆さんやったりしているのではないでしょうか？

情報やトレーニングのやり方に意識が向き、身体の内側に意識が向けられている人がどれだけいるのかなと思います。

例えば、お昼の時間になったからランチを食べるとします。時間になったからいつも通り食べる人と、時間になっても身体（胃腸）が要求していないから量を少なめに調整する人がいるとします。やせるのはどちらの方か、おわかりですよね？　脳みそが要求してるのか、身体が要求しているのかを考え、自分に必要なものを選択していくことが、内側からキレイになる秘訣です。

私のトレーニングでは、**同じエクササイズをしていてもどこが動くのかをイメージし、その動きを感じることで効果は全く変わってきます。**だからこそ、うちのトレーニングではフォームがしっかり作れない、柔軟性がなくて動きのイメージできないという場合はやりません。フォームがしっかり作れない時は、正しい姿勢と重心に立ち戻ります。

身体の内側を感じたり、自分の重心が今どこにあるのかを感じることは感受性でありセンスだと思います。そしてイメージをお客様とトレーナーが共有し、キレイになる動きを体現することが結果を確実に出すコツだと思います。

やせるココロの
作り方
3

目線が下がれば気分も下がり、脚も太くなる

嫌なことがあった帰り道、自分はどこを見て歩いていると思いますか？

目線は下を向き、猫背になっていることは、なんとなく予想ができると思います。目線が下がった姿勢に、良いことは一つもありません。目線を下げると、歯を食いしばりたくなくても勝手に食いしばっているはず。

これが顎関節症や首や肩のこり、頭痛の原因になっている可能性があります。またバストの土台である胸郭（肋骨）も下を向き、呼吸が浅くなります（P34）。その影響が姿勢を猫背にさせ、下半身を太くするとしたら…。

でも仕事や日常生活の作業は下を向いていることが多いから防げない？　そんなことはありません。それ以外の動作で**目線を上げる意識をすれば、正しい姿勢にリセットされ、脚は太くなりにくくなります**。

自分のことって、わかっているようで、わかっていないと思います。服で身体のラインをごまかしてキレイに見せるのは、ある意味自分のことをわかっているかもしれませんが…。しかしそれが実際にキレイになったりやせたりすることにつながるかといったらどうでしょうか…。

身体のラインを程良く隠しておしゃれに見える服はたくさん出回っていますが、それがキレイになるための根本的な改善になっているかといったらそうではないですよね。とはいえ、身体のラインをバッチリ強調するような服には抵抗があって当然ですし、そこは強要しません。ですが、この本を手に取り、脚やせを頑張ろうと思っているのであれば、せめて**エクササイズ中は身体のラインがわかるウェアを着て、自分の動きを観察してください**。鏡に映った自分が、キレイな動きをしていたらキレイなボディラインに近づいているということですから。

やせるココロの作り方 4

自分のことを知ろうとする気持ちが身体を変える

やせるココロの作り方

5

30歳を過ぎたら体重より ラインを意識

体重に一喜一憂する必要はありません。特に30歳を過ぎたら、なおさらです。うちのスタジオには体重計をあえて置いていません。体重という数字に気持ちを左右されるのではなく、ボディラインを鏡で見たり、手でお肉をつまんだりして意識してもらうことが多いです。

それはなぜかというと、意識の仕方一つで見た目のラインが変わるからです。例えば、鏡の前で腕を内回しと外回しにねじってみてください。内回しと外回しどちらの腕が細く見えますか？　これまでさんざん言ってきましたが、内股になったふくらはぎが太く見えるように、**身体のポジションによって細く見える角度と太く見える角度があります**。正しい姿勢と重心に調整できると、細く見える角度をキープしていることになります。このポジションでエクササイズすることでより一層キレイなボディラインになるのです。

やせるココロの作り方

6

やせたあなたの先にあるものは何ですか？

脚やせ成功のコツは、自分の身体がどう感じるかが大事という話をしてきましたが、もう一つコツがあります。それは、**「やせたいだけを目的としない」ことです。やせて「どうなりたいか」を、エクササイズをする前に考えてみてください。**

例えば、やせることによって、服をキレイに着られるようになりたい、その姿を見た好きな人にキレイと言われたい。という感じです。やせた後の自分がワクワクするような楽しみを見出せたら、多少辛いと思っても続けられるのではないでしょうか。

つまり、目的（＝やせる。好きな服がキレイに着られる）の先に、何があるか（＝好きな人に可愛い、キレイと思ってもらう）が結果を出すためには重要です。キレイになりたいって思っているお客様に、「僕だったら振り向かないよね」と言うこともありますが、それは厳しい愛のムチ。なぜなら、もっとキレイに美しくなれる可能性を秘めているからです。

おわりに

ヒップアップ専門パーソナルトレーニングスタジオなのに、なぜヒップアップではなく「脚からやせる」ということを提案させていただいたのか？ それは、冒頭でもご紹介しましたが、ヒップアップを目標に「hip joint」に来られたお客様が、**「脚からキレイにやせて、メリハリのあるボディライン」**を叶えているからです。そして編集者・小寺さんのお友だちが、下半身やせのために始めたパーソナルトレーニングで脚がたくましくなっていく姿を見たのがきっかけでした。

トレーニングをするにあたり、正しい姿勢と正しい動きがとても重要です。「私は身体が硬いから…」と思っても、今の状態から少しでも正しい姿勢と動きに近づけることが出来たら、それが小さな積み重ねとなり、成果に繋がると思っています。

正しい姿勢と動きを習得することで、ボディラインはキレイになります。そして、**その動きに負荷をかけると、ボディラインにメリハリがついていきます。**しかし、順番や動き方を間違えると細くなるはずのトレーニングでも太くなってしまいます。

この本を手に取って頂いた方にも、脚からキレイにやせていく体験をして欲しいと思い、どこでも実践が出来るよう「姿勢」と「重心」にポイントを当てています。また、より効果を出すエクササイズは、3つに絞り、無理なく実現できるようにしました。

　身体を変える最初の一歩は、自分の身体を知ることだと思います。最初は鏡に映る自分を見て、「肩の高さが左右で違うな」「今、猫背になっている」などの些細な気づきで良いと思います。それが無意識（習慣）で出来るようになれば、あなたの身体は確実に変わっていきます。この本が、あなたの理想を実現するきっかけになってくれると嬉しいです。

「hip joint」代表
渡部龍哉

渡部龍哉 **Tatsuya Watanabe**

ヒップアップ専門パーソナルトレーニングスタジオ「hip joint」代表。姿勢やお尻のタイプに合わせたヒップアップのためのオーダーメイドエクササイズを提案。モデルやスポーツ選手などを顧客に持ち、セミナーなども多数開催。
http://hipjoint.tokyo

モデル	龍神真未
撮影	田尻陽子
ヘアメイク	鈴木美穂
イラスト	西村オコ
ブックデザイン	大久保有彩 (store inc.)
編集協力	森田有希子、内田理恵、印田友紀 (smile editors)
構成	小寺智子

写真協力	安藤牧子、安藤佳子、伊藤李、渡部智美

モデルが始めている
10日間で脚からキレイにやせる「美脚トレ」

2018年6月2日 第1刷発行

著 者： 渡部龍哉

発行人： 蓮見清一

発行所： 株式会社宝島社
〒102-8388 東京都千代田区一番町25番地
☎03-3239-0926(編集) ☎03-3234-4621(営業)
http://tkj.jp

印刷・製本： 株式会社廣済堂

ISBN978-4-8002-8358-0